PERCEPCIÓN POÉTICA
DEL HABITAR I

COLECCIÓN

ARQUITECTURA Y HUMANIDADES

MARÍA ELENA HERNÁNDEZ ÁLVAREZ

COMPILADORA

Primera edición 2016

Directorio

Dra. en Arq. María Elena Hernández Álvarez
Directora

Mtra. en Arq. Patricia Barroso Arias
Coordinación de Contenido Editorial
Versión impresa y versión digital en: www.architecthum.edu.mx
Colaboración:
Arq. Milena Quintanilla Carranza

Mtro. en Arq. Federico Martínez Reyes
Coordinación Editorial
Colaboración:
Roberto Israel Peña Guerrero

Ilustración de portada:
Patricia Barroso Arias

Queda prohibida la reproducción total o parcial de esta obra incluido el diseño tipográfico y de portada sea cual fuere el medio, electrónico o mecánico, sin el consentimiento por escrito del editor.

El contenido, la selección del material escrito, su organización y la redacción de los artículos, son responsabilidad absoluta de sus autores, quienes han cedido de manera no exclusiva sus derechos de autor a esta edición.

El uso de los logos de la Universidad Nacional Autónoma de México, la Facultad de Arquitectura y del Programa de Maestría y Doctorado en Arquitectura, en la Colección Arquitectura y Humanidades, con la debida autorización.

©ARCHITECTHUM PLUS S.C.
Díaz de León 122-2
Aguascalientes, Aguascalientes
México CP 20000
libros@architecthum.edu.mx

ISBN 978-607-9137-39-7

Presentación

La construcción de la Teoría de la Arquitectura, que es el sustento de todo diseño arquitectónico, implica un complejo proceso reflexivo y crítico mediante el cual se verifica a distancia y en profundidad la enseñanza y la praxis del oficio de ser arquitecto. Si la Arquitectura, es decir, lo habitable, le concierne a todo ser humano, las premisas de ella misma sólo pueden concebirse de manera transdisciplinaria sustentándose en todos los campos del conocimiento porque, además, es a todos ellos a quien va destinado su servicio.

Asimismo, las manifestaciones del humanismo están asociadas a la conciencia social del hombre y a sus circunstancias existenciales en el mundo, de tal suerte que se deben ir generando consideraciones ontológicas y epistémicas en el plano formativo y profesional para el arquitecto. Por ello, asumir una formación humanista desde sus más altos y nobles ideales, constituye una necesidad cada vez más apremiante en el mundo de hoy; y es esto lo que nos transmite una imagen del arquitecto como persona que piensa, que crea y que produce una arquitectura orientada hacia el bien común.

Actualmente, gracias a esfuerzos de profesores e investigadores de nuestro Programa Académico, como la Dra. María Elena Hernández y de su grupo de colaboradores, proyectos editoriales como esta Colección Arquitectura y Humanidades, hacen posible pensar en una Teoría de la Arquitectura impresa con un sello particular en donde el proceso de enseñanza aprendizaje no se concibe ya como un proceso educativo centrado únicamente en la adquisición de conocimientos y habilidades, sino como un compromiso reflexivo y crítico que reclama un cambio de orientación dirigido a la búsqueda de nuevos nexos y relaciones disciplinares, particularmente aquí con las Humanidades.

Así, validando este enfoque transdisciplinar, se escriben y difunden en este proyecto editorial, colección Arquitectura y Humanidades, ideas artísticas, científicas, éticas, filosóficas, poéticas e históricas, que provienen de numerosas visiones del mundo arquitectónico, sustentadas en ideologías, teorías y posturas que están en correspondencia con las exigencias del mundo contemporáneo.

Es esencial que nuestra Facultad de Arquitectura sea parte de las instituciones educativas que contribuyen a la formación de arquitectos conscientes y reflexivos para que esto nos permita, no solamente vivir en el mundo actual, sino además, transformarlo de manera transdisciplinaria para la sustentabilidad y sostenibilidad que el futuro nos demanda.

Así, la Colección Arquitectura y Humanidades nos convoca a la reflexión filosófica que comprende a la arquitectura desde su núcleo, el hombre, y al arquitecto como el profesional dotado de razón, de conocimiento y de capacidad para construir, pensar y diseñar lugares de verdadera calidad habitable.

Sabemos que este proyecto editorial queda establecido para ser puerta abierta permanente a las colaboraciones de quienes consideren el trabajo transdisciplinario como una fuente necesaria para validar, hoy más que nunca, las pautas de diseño de los espacios que los seres humanos habitamos.

Mtro. en Arq. Alejandro Cabeza Pérez
Coordinador del Programa de Maestría y Doctorado en Arquitectura
Facultad de Arquitectura
Universidad Nacional Autónoma de México
Enero de 2015

Prólogo

La *Colección Arquitectura y Humanidades*, tiene el objetivo de fortalecer los lazos entre ambos campos de conocimiento, ya que uno sin el otro no podrían concebirse. Si comprendemos que, tanto la Arquitectura como las Humanidades conciernen a todo ser humano, es por ello que este proyecto centra su propósito en compartir los esfuerzos de muchas personas por enriquecer los encuentros transdisciplinarios que coadyuvan al compromiso con la calidad de las pautas de diseño de los espacios que habitamos los seres humanos.

En este proyecto editorial presentamos numerosos trabajos de exalumnos y profesores del Seminario y Taller de Investigación *Arquitectura y Humanidades* fundado en 1997 en el Programa de Maestría y Doctorado en Arquitectura de la Universidad Nacional Autónoma de México. A partir de ese año, esta *Colección Arquitectura y Humanidades*, tanto en sus versiones digitales como en la impresa, también se ha visto enriquecida de manera significativa con la generosa colaboración de muchos académicos y profesionales de diversas instancias y países.

Los números de este proyecto editorial se presentan organizados en temáticas generales abiertas para multiplicarse secuencialmente. Los artículos en cada número dan a conocer importantes reflexiones teóricas cuyo interés primordial es contribuir a la formación de investigadores y de docentes, así como el promover la generación y divulgación del conocimiento y la cultura arquitectónica y humanística.

Inaugura la lista de autores el Dr. Jesús Aguirre Cárdenas, quien, además de contribuir con un importante ensayo sobre el tema central de esta Colección, ha otorgado en todo momento su apoyo al proyecto académico *Arquitectura y Humanidades*. Expreso aquí mi profunda gratitud y admiración al Dr. Jesús Aguirre Cárdenas por su confianza a esta propuesta académica editorial y, sobre todo, por su inigualable ejemplo humano a seguir; él siempre abriendo caminos.

Por mi conducto, todos los autores que participamos en esta Colección expresamos nuestra gratitud a las autoridades de la Facultad de Arquitectura de la Universidad Nacional Autónoma de México, especialmente a su Director el Arquitecto Marcos Mazari Hiriart, al Maestro en Arquitectura Alejandro Cabeza Pérez, Coordinador del Programa de Maestría y Doctorado en Arquitectura y al Maestro en Arquitectura Salvador Lizárraga, Coordinador editorial de la Facultad de Arquitectura, por el reconocimiento que otorgan a la trayectoria de los autores que participan en esta *Colección Arquitectura y Humanidades*, así como a la calidad de los ensayos que en ella se presentan.

Finalmente, mi especial reconocimiento a la Maestra en Arquitectura Patricia Barroso Arias y al Maestro en Arquitectura Federico Martínez y a sus colaboradores por las incontables horas de entrega, creatividad, compromiso, liderazgo y confianza a este proyecto editorial.

María Elena Hernández Álvarez
México, Distrito Federal , diciembre de 2014

Volumen 17

PERCEPCIÓN POÉTICA DEL HABITAR

5 — Prólogo
MARÍA HERNÁNDEZ ÁLVAREZ

12 — Introducción
PATRICIA BARROSO ARIAS

16 — La percepción de lo habitable en la vivienda tradicional. Una mirada a la esencia de su arquitectura
LOURDES ADRIANA ALCÁZAR CASTILLO

30 — La arquitectura con nueve sentidos
ALEJANDRA DANIELA ALCÁZAR PRIETO

44 — Hacia un funcionalismo espiritual en el ejercicio arquitectónico
CARLOS IGNACIO CASTILLO CASTILLO

52 — Heidegger hacia la poética arquitectónica
KARINA CONTRERAS CASTELLANOS

68 — La esencia poética del habitar. Un encuentro entre el ser y el espacio
CLAUDIA PATRICIA DÁVILA MARTÍNEZ

82 — Las formas de vida, del habitar y de la espacialidad habitable
ERIKA ENCISO SOSA

Una casa para soñar | 94
JESÚS FLORES CECEÑAS

Diseñar para un habitar:
Heidegger desde el acontecer de la poesía | 108
YESSICA VANESSA HEREDIA BEDOLLA

La magia de un templo urbano:
Biblioteca Pública Virgilio Barco | 120
JORGE ANIBAL MANRIQUE PRIETO

Poetizar el diseño arquitectónico
desentrañando la esencia del habitar | 138
NANCY ROSSBELLI TRUJILLO LÓPEZ

La arquitectura mediática y la poética | 154
VÍCTOR MANUEL RIVERA SÁNCHEZ

Sobre los autores | 162

Introducción

PATRICIA BARROSO ARIAS

El tema sobre la esencia poética del habitar, puede definirse en el encuentro entre el ser humano y el espacio, que no siempre está construido, si no que se concibe también imaginariamente. En este caso, se sugiere que la actividad proyectual es fiel a la esencia del habitador desde esta esfera imaginaria y es reflejo de las experiencias que tiene el usuario, de tal manera que se integra una reflexión profunda sobre el "ser" y surgen preocupaciones que nos invitan a definir esta búsqueda sobre el sentido del habitar y de su relación con la misma actividad del diseño arquitectónico.

El propósito de la arquitectura es diseñarla para los seres humanos y por ello, no podremos alejarnos de las nociones que surgen de lo poético, es lo que señalan los autores en este número temático. La ciudad actual se ha vuelto deshumanizada y la capacidad de los arquitectos y urbanistas para expresar una comprensión de las relaciones que se establecen entre el ser humano y el lugar que habita parece que ha desaparecido. La arquitectura se ha vuelto una obra con un fin formal y estético que a veces se aleja de la interpretación de la vida cotidiana.

Las ideas relevantes sobre el bienestar del ser humano, fundamentalmente mediante la búsqueda de lugares que alberguen sus actividades, motivan las siguientes cuestiones: ¿se ha encontrado el sentido habitable del objeto?, ¿la habitabilidad tiene límites?

En el ámbito de lo arquitectónico parece que nunca es suficiente, por ello se cuestiona si la habitabilidad se genera a partir de la satisfacción de las necesidades humanas o no. Pero ¿cuándo llegamos realmente a encontrar la identidad o significación del espacio? Al acceder a un espacio pasamos de ser simples espectadores a formar parte del mismo y en el diseño se inventa un mundo de imágenes, cuya existencia se encuentra en la imaginación; ¿pero es desde aquí donde atribuimos los significados al objeto? El diseño se tiñe de intencionalidad y puede ser que en este momento el arquitecto interprete lo que es la identidad del espacio.

Los conceptos que se destacan en estos ensayos, sobre la evocación de una espacialidad contenida que involucra a todos los sentidos para caracterizar una arquitectura que sea poéticamente habitable, llevan a los autores a indagar en la percepción espacial, en el comportamiento del ser humano, en su existencia y revelan otra pregunta importante: ¿cómo podemos entender ese habitar poéticamente? De ahí que resulte necesario y válido desarrollar un acto reflexivo y ser sensibles ante nuestra realidad, cosa que contribuye a la orientación de nuestras decisiones de diseño, mostrando un profundo respeto por nuestro pasado cultural.

Podemos destacar aquellas pinceladas poéticas de lo arquitectónico y cuestionar el significado que cobran los objetos desde su forma y contenido, si se analiza desde la relación que establece Heidegger entre habitar y construir, donde se genera un vínculo que puede definirse como la identidad responsable de lograr ciertos grados de habitabilidad. Dejar que el ser humano se apropie de un edificio es dar pie al habitar.

Heidegger establece que el espaciar oculta a la vez un acontecer, en este sentido, los autores reflexionan sobre cómo se ha permitido que la gente viva de la manera en que lo hace, dónde lo hace y para qué lo hace. Las actividades humanas comparten una parte objetiva y una parte subjetiva, esto quiere decir que en todo lo que hacemos tenemos una parte del ser que nos pide observar tangiblemente lo que se está maquilando desde el interior. Entonces, ¿cómo podemos dialogar con estos actos conscientes o inconscientes para concebir una arquitectura habitable?

Ante lo que vivimos actualmente, dentro de una sociedad del espectáculo, la banalización del arte y los aspectos mediáticos que triunfan ante la razón, la mirada se ha desviado hacia aquellos productos-objeto que llaman más la atención. La falta de experimentación de estos espacios nos lleva a no tener idea de su significado. Entonces la materialización del objeto como cosa, por un lado, y la construcción simbólica que se genera al habitar el objeto, por otro, engloban dos concepciones del mismo espacio. En el segundo caso interviene el habitante con su concepción del mundo: su simbolismo, su cultura, dotando de magia su lugar de habitación. Un objeto se construye como un bien de consumo y posteriormente se carga de significado, reflexión que invita a cuestionar si el arquitecto, antes que ser arquitecto también es habitador. ¿Bastará esto para completar el proceso de producción de un objeto arquitectónico que, generalmente, no es para el arquitecto que lo diseña?

Meditaciones interesantes que nos sugieren investigar más a fondo el fenómeno sobre la esencia poética del habitar. Así, cimbrando, oponiendo, contrastando y opinando, se generan diversos argumentos que buscan este sentido poético del habitar y que revelan una preocupación latente sobre el abandono de este propósito del diseño arquitectónico, que es diseñar para el ser humano.

16

La percepción de lo habitable en la vivienda tradicional
Una mirada a la esencia de su arquitectura

LOURDES ADRIANA ALCÁZAR CASTILLO

En esta ocasión, hablemos sobre un tema que forma parte de un extraño interés, sobre todo para muchos arquitectos, puesto que nos ha mostrado una cierta peculiaridad que ninguna otra arquitectura posee: la vivienda tradicional. Guerrero Baca en su texto *Estudios de tipología arquitectónica* la define de la siguiente manera, *"La arquitectura tradicional es la expresión tangible de la manera de vivir y entender al mundo de esas familias y comunidades que siempre han sido mantenidas al margen del llamado progreso y civilización, pero que han satisfecho sus necesidades de una manera autónoma y en comunión con su medio ambiente"* [1]. La vivienda es portadora de elementos significativos que van construyendo su arquitectura, dados a través de la experiencia de sus constructores, que se enraizan en los modos de vida, en la cultura, usos y costumbres, en la religión, en el clima y en la geografía a la que pertenece determinada vivienda, lo que en conjunto prevalece en el diseño de la vivienda tradicional, traducido a la vida cotidiana como una manifestación de su quehacer diario.

Como característica primordial para todos los seres humanos, se encuentra el habitar como común denominador, ya sea de una manera plena o un tanto padecible, pero al final la intención misma es el habitar. La característica en cuestión, se encuentra adherida sobre todo a la vivienda tradicional o vernácula, pues si nos referimos a lo que se plantea en el texto de Martin Heidegger sobre *Construir, Habitar, Pensar*, remitimos esa definición del habitar, en la cual se interpreta que si acudimos al habitar, es construirse a uno mismo, en donde todo tiene relación y por supuesto un fin, en donde el fin mismo es la habitabilidad y si se relaciona al tipo de vivienda de la que se habla, se visualiza entonces esta sugerencia del habitar, de su fin, el de construir para habitar.

Lo anterior alerta que el habitar mismo ya nos está construyendo, es decir, en la medida en que usamos los edificios o a las viviendas, aumenta nuestra habitabilidad creando una especie de vínculo entre el edificio y el ser humano. Este vínculo bien podríamos llamarlo identidad o arraigo y es el responsable de obtener ciertos grados de habitabilidad. Esta identidad se acrecenta cuando permanecemos en la tierra natal. Para entender lo que significa la tierra natal, acudamos a Heidegger quien en su texto *El arte y el Espacio*, explica que el diseño de los espacios únicamente se identifica ante los habitantes para los que fue hecho, de tal manera que reconoceremos a posteriori "*La dicha de poseer una tierra natal*".[2]

De esta manera, los espacios se crean y se modifican y se convierten en lugares a partir de una comarca, los cuales aportan elementos de identificación como señas o señales particulares que los hacen únicos. Este es el caso de la vivienda tradicional, donde el habitar está presente debido, por una parte, al gran amor de los habitantes por su tierra natal y, por otra, a que se apropian de la edificación que construyen.

Este arraigo, consecuencia de la relación entre el mundo y el hombre, puede descubrirse cuando se analiza la conciencia del habitante desde un punto de vista fenomenológico, como lo hace Bachelard en su texto *La Poética del Espacio*, "*Con la imagen de la casa tenemos un verdadero principio de integración psicológica. Examinada desde los horizontes teóricos más diversos, pareciera que la imagen de la casa fuese la topografía de nuestro ser íntimo*" [3].

Antes de que la arquitectura sea creada, es indispensable otorgarle un fin, que le confiera esa permanencia en la vida, de no ser así, la arquitectura ya no sería tal pues estaría envuelta en puro juego, vacío, en un teatro disfrazado. Ese mismo fin se ha tenido presente más en la antigüedad, en donde los constructores no se distraían de su finalidad, pues tenían en cuenta que la arquitectura permite la aparición de la vida dentro de la construcción misma. Esta manera de entender le dió la oportunidad al hombre de construir su morada en donde reflejó toda su esencia.

Esta finalidad también se aprecia en la vivienda tradicional, este es un aparecer en la arquitectura, pues su finalidad emerge de la necesidad de tener un techo sobre la cabeza, un refugio, lo que conlleva el construir, aún sin ser artistas, decimos pues, que esta vivienda solo se puede construir como lo menciona Hartmann en su texto *Estética, "Como se construye"* [4], lo que cae dentro del estilo de la época. Esto es lo que le confiere a esta vivienda tradicional una misma tipología como una manifestación de su época, y que el individuo que lo construye no necesariamente posee una conciencia de ello, y es lo que nosotros como individuos ajenos a ella vemos y comprendemos, puesto que nos trasmite cierta curiosidad saber cómo se vive y qué es lo que se hace dentro, es su esencia quien nos habla.

Pero para indagar como es que la arquitectura de esta casa aparece, es necesario entonces tomar en cuenta que si el vestido nos confiere esa expresión de la concepción de sí mismo, entonces la casa la consideramos como el reflejo de una vida económica y personal de la familia humana, es decir, como lo refiere Hartmann de nuevo en su texto sobre *Estética, "La casa es en cierta medida el vestido de su vida comunitaria más estrecha"* [5], es la fachada e intimidad de sus tradiciones, es gracias a esto que esta arquitectura no se torna incoherente , se torna habitable para quienes la construyen.

Por otro lado si se considera que la arquitectura de esta vivienda tradicional está ligada a la materia que la conforma entonces nos ofrece solo posibilidades muy restringidas, así lo menciona Hartmann *"No toda configuración espacial permite ser realizada en cualquier materia"* [6], es por ello que resulta necesario encontrar la pertinencia del uso de los materiales constructivos, como los existentes en este tipo de vivienda. Si se considera que las ideas forman parte esencial de los estratos internos que posee la arquitectura, entonces la obra que resulte de ello será totalmente genuina, comprensible con su espíritu objetivo y tradicional.

Es por ello que la arquitectura posee sobre todo en las obras modestas, una tradición muy fuerte que le permite más esencia en su formación, esta sensibilidad que se ofrece solo crece en el transcurso de las generaciones y que le ha permitido mantenerse inalterable porque esa sensibilidad formal esta afirmada por su tradición.

| Lourdes Adriana Alcázar Castillo

Es así, que la esencia de la arquitectura tradicional, reside en lo sublime de su existencia, esa existencia que nos refleja la esencia de la época en que fue construida y al adentrarnos en el espacio nos remontamos a épocas pasadas, pues estas identifican su validez al demostrar las premisas de su contexto, tanto natural como urbano.

El proceso proyectual por el que atraviesan este tipo de edificaciones se encuentra en lo poético y en la esencia existencial del habitador, pues esta existencia es indispensable para su construcción, pues no nos muestra altanería y soberbia de la que se nos impone en la ciudad moderna, sino que hay hermosura, grandeza e intimidad.

La arquitectura tradicional muestra un nivel si pudiéramos medirlo, de una arquitectónica muy grande, la arquitectónica que encontramos en estos lugares de México, como lo menciona Karel Kosik en su texto *Reflexiones Antediluvianas* en *"Donde la gente da prioridad a algo y únicamente en la medida en que se haga vivir esa diferencia se vive dignamente"* [7], es así como la arquitectónica determina y prescribe que es necesario trabajar, pero hay que dar prioridad a la vida en paz y tiempo libre, es decir, el equilibrio es fundamental pues el estilo consumista de la vida urbana, va transformando los patrones tradicionales de relación entre las sociedades, sus estructuras físicas y su entorno físico, en este caso su vivienda tradicional.

Es por ello, que en efecto como lo refiere de nuevo Karel Kosik *"Es necesario hacer las cosas necesarias pero la prioridad la tiene en esos lugares las cosas bellas, lo elevado, lo poético, lo sublime"* [8], estos lugares nos refieren la existencia de la tradición, de esa arquitectura hecha de hombres sin academia pero con sensibilidad, tradición e identidad, que con sólo observar su medio ambiente aprendieron como resolver su vivienda adecuadamente y en consonancia con la naturaleza.

La vida que se da dentro de estas viviendas dignifica porque existe un habitar del ser, aunque recientemente se le considere el vivir en una casa de este tipo como símbolo de pobreza, pero nosotros que estamos fuera nos percatarnos de la importancia y pertinencia de la construcción de estas viviendas, pues la poética que percibimos en ellas no se aprecia con facilidad en las grandes urbes, donde ha quedado olvidada aquella arquitectónica y que está presente en esta arquitectura, pues la relación del ser o el hombre se encuentra en la naturaleza, la historia, el tiempo y consigo mismo, entonces se recuperan de alguna manera los valores culturales, sociales e históricos.

Así, ese extraño interés ha propiciado la valoración y preservación de esta vivienda, pues es portadora de una fuerte atracción, atracción que da muestra de la esencia de su arquitectura, misma que pareciera como una obra de arte, gracias a la comprensibilidad que representa, pues como lo refiere Worringer en su texto *La esencia de lo gótico*, nos habla de cómo es que antes de comprender el fenómeno artístico, *"Es necesario conocer y adentrarse a la necesidad y regularidad de su formación, pues ante ello no nos resultaría incomprensible",* [9] por lo que para realizar el arte de esta vivienda sería indispensable deshacer la dualidad existente entre la forma y el contenido, pues esto posee aquello que le confieren los valores que lo hacen apreciables ante nuestros ojos.

Pero al hablar sobre esta habitabilidad que posee la arquitectura de la vivienda tradicional, pensaremos entonces como es que se encuentra arraigada en ella, pues todos los seres vivos tenemos la necesidad de apropiarnos de un refugio, así como es a los pájaros el nido, el musgo a su concha, así es para nosotros los seres humanos la casa, ante ello la sensación de bienestar nos devuelve a la primitividad del refugio, aunque no se haga en nuestro caso con la mayor de las perfecciones como el nido de un pájaro, aún con ello nos encontramos en calidad de la función de habitar, pues tener en cuenta a la casa como nuestro refugio, a las cosas como nuestra existencia, podríamos percibir entonces que en la casa nuestro rincón preferido nos confiere esa sensación de calidez, es decir, como menciona Bachelard en su texto *La Poética del Espacio, "Todo rincón de una casa, todo rincón de un cuarto, todo espacio reducido donde nos gusta acurrucarnos, agazaparnos sobre nosotros mismos, es para la imaginación una soledad, es decir, el germen de un cuarto, el germen de una casa"* [10].

La dialéctica entre la casa y el universo, es una relación de lo interior a lo exterior, su establecimiento esta dado mediante las ventanas, puertas, huecos, quienes permiten una conexión

| Lourdes Adriana Alcázar Castillo

sensorial, intelectual, lo que conlleva a percibir un lenguaje entre la vivienda y el mundo exterior; la calle, y es este lenguaje es el que se proyecta también en la casa tradicional, que sin duda alguna resulta interesante estudiar, pues es muy semejante a nuestra noción de casa, la diferencia es que en ocasiones lo inhóspito de la ubicación de la casa tradicional la hace poseedora de mayor calidez, esto gracias a que su cultura se mantiene intacta tanto en su interior como exterior, es decir, con su paisaje natural esta se complementa.

Hablando de esa relación dialéctica interior-exterior, planteemos pues como es que esta relación se ha dado en el trascurso del tiempo, por lo que es necesario entonces echar un vistazo a esta cuestión y así entenderla, cuestión muy clara que ofrece Enrique Ayala Alonso en su texto *Casas Mexicanas*, quien hace hincapié en el estudio del habitar de la casa, pues *"La vida doméstica en los siglos XVII Y XVIII no se constituía al interior de la casa, sino que desbordaba por otros ámbitos. El primer lugar donde la casa se extendía eran los patios siempre pletóricos de actividad; tanto en las casas ricas como las modestas, estos lugares era ocupados para las actividades domésticas y las productivas.* [11] Estas características, hoy en día son observables en la distribución de la vivienda constituida de adobe, pues el patio central es el común denominador de todas ellas, pues en dicho patio se ha dado el espacio para el esparcimiento y las labores domésticas, que a la actualidad prevalecen.

Así mismo, otro de los ámbitos donde se propagaba la vida doméstica, era la calle, especialmente cuando se trataba de casas modestas, donde el escaso número de habitaciones obligaba a sus habitantes a utilizar la vía pública, fungiendo como una extensión de su vivienda, en donde los habitantes podían ejercer parte de su habitar.

Con lo anterior, es posible aseverar que estas cuestiones han propiciado el entendimiento del espacio público también como un habitar, pues en consecuencia a ello, como lo refiere de nuevo Enrique Ayala en su texto *Casas Mexicanas,* que *"La gente de un determinado barrio solía reconocerse entre ella como parte de una comunidad que tenía en la parroquia su principal elemento de identificación"* [12].

Otro modo de habitar muy peculiar de esta vivienda se dio respecto a su tamaño y proporción, en su condición de casa modesta y gran espacio de terreno, en algunas de ellas se mezclaban actividades productivas como pulquerías, tiendas, etc., esta amalgama de actividades dio lugar a las unidades casa-taller-comercio, que fueron la expresión espacial de la principal forma de producción de la época y parte esencial en el modo de habitar, que no eran exclusivamente habitacionales.

A todo lo anterior, vemos entonces que la casa es una unidad de configuración espacial, con ello se entiende esa peculiar forma de vivir de los pueblos donde existe vivienda de este tipo, donde la habitabilidad que nos ofrece es relativamente grande, pues está dada no solo en el interior de la casa, sino en cada rincón de su pueblo.

Por otra parte, es necesario hablar también de los mitos que se ejercen sobre la vivienda tradicional, pues la configuración de esta, muchas veces se rige por mitos, ya sean socio-culturales o religiosos, el hecho es que están presentes, y la razón resulta obvia si consideramos que el mito está presente en la manera de pensar y razonar del hombre como una forma simbólica, entonces como lo menciona Frazer este concepto; *"Albergará una fe, implícita pero real y firme, en el orden y diversidad de la naturaleza"* [13]. A pesar de los estudios filosóficos, etnológicos, antropológicos, psicológicos, sociológicos que ha participado en el entendimiento del origen sobre el mito, según Cassirer en su texto *El mito del Estado*, dice que *"Históricamente, no hallamos en ninguna gran cultura que no esté dominada por elementos míticos y penetrada por ellos"*. [14]

Así pues, las inscripciones se tornan en un lenguaje, como lo refiere Max Müller, no es realidad sino un aspecto del lenguaje, más bien negativo que positivo, entonces nos explicarnos que si bien el lenguaje es racional y lógico, por otra parte también es fuente de ilusiones y falacias, donde reside el mito, pues ello conduce a las irracionalidades de este. Es por medio del lenguaje que se manifiestan nuestras ideas, temores, acontecimientos, así mismo, el conferir significado y permanencia en la práctica del rito, nos permite entender cómo es que un pueblo hace, desde sus percepciones debe ser siempre la clave, tal vez, más segura para saber lo que piensa, en donde ese pensamiento nos lleva a la obra arquitectónica y en este caso surge la vivienda tradicional.

Es así, que en el trascurso de los años hemos sido capaces de reconocer a la vivienda tradicional como portadora de un lenguaje muy peculiar, mismo que le ha conferido su permanencia en la arquitectura, y es por medio de su arquitectura, la que se ha encargado de entablar un lenguaje, cuya finalidad primordial es comunicarnos, por lo que es exclusivo del hombre, en este caso se da entre sus habitantes y nosotros que la observamos a la vivienda de fuera, lo que nos comunica y ello nos invita a conocer su realidad, como menciona Octavio Paz en su texto *El Arco y la Lira "Las cosas con su nombre"* [15], esas cosas poseedoras de gran belleza y misticismo, son la vivienda, dejando muestra de la rusticidad de sus construcciones y sin embargo bellos, románticos, donde la esencia del hombre se reencuentra.

Hoy en día el hombre moderno ha descubierto otros modos de pensar y de sentir, como lo menciona de nuevo Octavio Paz en su texto *El Arco y la Lira "Lo que llamamos la parte nocturna de nuestro ser"*[16], es lo que llevamos dentro, y es esto precisamente que dota de singularidad a ciertos lugares como sitios llenos de misterio, magia, sorpresa, belleza y agradables a la estancia humana, en pocas palabras se vuelven poemas vivientes de una ciudad o pueblo. Es precisamente por ello que esta arquitectura podría comparársele con una poesía, donde coloca al hombre fuera de sí y al mismo tiempo lo hace regresar a su ser original, como hace referencia Octavio Paz en su texto *El Arco y la Lira, "Lo vuelve así, la poesía es entrar en el ser"*[17], de ahí que exista una comunión entre el ser y la poesía, y en este caso también en la arquitectura.

De la inspiración ha surgido entonces esta arquitectura, pues es como plantea de nuevo Octavio Paz en su texto *El Arco y la Lira, "La inspiración es lanzarse a ser, sí, pero también y sobre todo es recordar y volver a ser. Volver al Ser",* [18]es entonces recordarse, es una mirada histórica hacia uno mismo y es precisamente esta mirada lo que nos atrae de esta arquitectura edificada en los pueblos alejados del bullicio de la gran ciudad.

Pero en alguna ocasión nos hemos preguntado ¿Qué es lo que nos atrae de estos pueblos? ¿Por qué en muchas ocasiones los hemos escogido para alojar ahí nuestras vacaciones?, la respuesta es simple si atendemos estas preguntas desde un punto de vista poético, pues esta arquitectura esta edificada de una manera tan natural como existe cualquier cosa, pues sus bases se llevan dentro y ni siquiera hay preocupación por si quedan bien o mal, es una manifestación viva de sus habitantes, es la propia naturaleza del ser quien se envuelve, pues en efecto como lo plantea Heidegger en su texto *Arte y Poesía*, *"Que es de todos modos necesario aclarar en qué medida participa esa naturaleza en la cosa"* [19], en los cuales se involucran los fines ante su creación. A partir de esta proposición podríamos considerar dentro de la filosofía del arte a la belleza y la verdad como la idea de una misma cosa, entonces toda la arquitectura que nos parezca bella como la de estas viviendas será una obra totalmente genuina, y esto a su vez dará pie a una transformación en la apariencia de su paisaje, como sucede en los alrededores que conforman una composición armónica entre la casa y su entorno, pues sus calles, sus plazas, y demás construcciones, han propiciado un encuentro grato y con un cierto despertar en la capacidad de asombro de su belleza entre los que lo habitan.

Esto es un habitar poético, pues la poesía forma parte fundamental como una manera de expresión, se entiende pues, que si la poesía se muestra como una forma modesta del juego, entonces el poetizar es enteramente inofensivo, pues la poesía crea su obra en el dominio y con la materia del lenguaje, pues como menciona Heidegger en su texto *Arte y Poesía*, *"La poesía es como un sueño, pero sin ninguna realidad, un juego de palabras sin lo serio de la acción". La poesía es inofensiva e ineficaz, poetizar es según Heidegger "La más inocente de todas la ocupaciones,"* [20] así pues, consideremos que el valor del habitar poético de esta vivienda no reside en haberlo habitado físicamente, sino como el ser tocado por su esencia y con esto creamos un habitar poético en nosotros los hombres, lo que nos permite entender a la poesía como el lenguaje, ese lenguaje que se torna histórico entre nuestra comunidad y a su vez nos explicamos cómo se da la comprensión de este espacio.

Un punto importante que cabe la pena señalar, radica en la manera de los seres humanos muchas veces no habitamos del todo esos lugares, como es que los habitamos entonces, es decir, como anteriormente se comentó, que la esencia de la arquitectura tradicional basta con ser tocados o llamado la atención por ella para considerar que la hemos habitado, y esto se explica con la aparición de una hermenéutica lógica como una disciplina de interpretación que nos hace comprender las cosas desde su contexto. Ésta noción hermenéutica se puede ver reflejada desde sus primeros intentos dentro de los pitagóricos, los cuales se acercan a ella gracias a la añadidura de *"idea"*, pues esta la consideramos ahora como una característica de ella misma, lo que le confiere una significación a nuestra comprensión de las cosas, es decir, darle una flexibilidad a las palabras nos permite una apropiación de estas radicada en su esencia.

Gracias a esta hermenéutica que le interviene a la arquitectura, a la vivienda se le da ese significado lleno de una tradición coherente que trasforma su entendimiento de simple vivienda a una vivienda donde reside un habitar poético, esto seguramente se da como lo decía san Víctor, seguidor de San Agustín, mencionado en el texto de Mauricio Beuchot sobre *Hermenéutica*, *"El sentido literal es claro, pasemos al espiritual"* [21], entonces atendiendo a esta frase, nosotros como arquitectos tendríamos la obligación de comprender a este tipo de obras arquitectónicas, que por su calidad de modestas no deben hacerse a un lado, pues su comprensión bien se puede encontrar dentro de la poética, esas ideas son la realidad material del espacio arquitectónico como material inteligible con alto nivel de sensibilidad, ante ello plantearíamos quizás una teoría del buen proyectar a la arquitectura, desde donde pueda ser comprendida y entendida. Esto de lo que hablamos resulta interesante, pues a nosotros los arquitectos nos ayuda a comprender nuestra labor pues nos da la pauta a hacia la percepción de lo habitable y la esencia de la arquitectura con una visión más humana, más profunda en el ser, como formadora de equilibrio.

Es así que concluimos, pues no queda duda alguna que esta vivienda se torna habitable, confortable, ocupable, gracias a la sencillez de sus espacios, a lo poético de su composición y a la disposición de sus elementos, hay en ella un equilibrio absoluto gracias a la comprensión de ese ser quien habita.

Ya para finalizar, pensar, razonar e involucrar el entendimiento de la arquitectura desde la comprensión con otros campos de conocimiento, permite ver más allá de su finalidad, pues gracias a ello es posible entrañarnos en lo poético que pueden ser sus espacios, que gran beneficio traería al ser humano. Esta es una reflexión para los arquitectos, no dejemos llevarnos simplemente por las influencias monetarias y económicas, sino también por el espíritu, como lo hicieron aquellos antiguos constructores de la vivienda tradicional.

Notas
1. GUERRERO BACA, LUIS FERNANDO. Estudios de tipología arquitectónica. Universidad Autónoma Metropolitana. México. 1996. Pág. 150.
2. HEIDEGGER, M. (2007). El arte y el espacio. (Traducción castellana por Jesús Adrián Escudero), Herder, España, 2009. Pp. 21.
3. BACHELARD. GASTÓN. La Poética del Espacio. Cuarta reimpresión (1965). Traducción al español por Ernestina de Champourcin. Fondo de Cultura Económica. México. 2000. Pág. 28
4. HARTMANN. Estética. UNAM. 1971. Pág. 149
5. HARTMANN. Estética. UNAM. 1971. Pág. 187.
6. Ibídem. pág. 251.
7. KOSIK, K. (2012). Reflexiones antediluvianas. (Traducción castellana por Fernando de Valenzuela), Itaca, México, 2012.Pp. 71.
8. Ibídem. pág. 71.
9. WORRINGER. W. La esencia del gótico. Ed. Fondo de Cultura Económica. Pág. 13.
10. BACHELARD. GASTÓN. La Poética del Espacio. Cuarta reimpresión (1965). Traducción al español por Ernestina de Champourcin. Fondo de Cultura Económica. México. 2000. Pág. 127.
11. UNIVERSIDAD AUTÓNOMA METROPOLITANA. Anuario de Estudios de Arquitectura; historia, crítica, conservación. Editorial Gernika. México. 2003. Pág. 13.
12. UNIVERSIDAD AUTÓNOMA METROPOLITANA. Anuario de Estudios de Arquitectura; historia, crítica, conservación. Editorial Gernika. México. 2003. Pág. 13.
13. CASSIRER. E. El mito del estado. (1946) Fondo de Cultura Económica, S.A de C.V. México. 1947. Pag.13.
14. CASSIRER. E. El mito del estado. (1946) Fondo de Cultura Económica, S.A de C.V. México. 1947. Pag.9.

15. PAZ, OCTAVIO. El arco y la lira (1972) Fondo de Cultura Económica. México. 2012. Pág. 30.
16. Ibídem. Pág. 117.
17. PAZ, OCTAVIO. El arco y la lira (1972) Fondo de Cultura Económica. México. 2012. Pág. 131.
18. Ibídem. Pág. 181.
19. HEIDEGGER. MARTIN. Arte y poesía. Segunda edición (1973) Fondo de Cultura Económica. México. 2014.
20. HEIDEGGER. MARTIN. Arte y poesía. Segunda edición (1973) Fondo de Cultura Económica. México. 2014. Pág. 108,109.
21. BEUCHOT. M. Perfiles esenciales de la hermenéutica. (2013) Fondo de Cultura Económica, S.A de C.V. México. 2008. Pág. 16.

Referencias bibliográficas
BACHELARD. GASTÓN. *La Poética del Espacio*. Cuarta reimpresión (1965). (Traducción al español por Ernestina de Champourcin). Fondo de Cultura Económica. México. 2000.
BEUCHOT. M. *Perfiles esenciales de la hermenéutica.* (2013) Fondo de Cultura Económica, S.A de C.V. México. 2008.
CASSIRER. E. *El mito del estado.* (1946) Fondo de Cultura Económica, S.A de C.V. México. 1947.
GUERRERO BACA, LUIS FERNANDO. *Estudios de tipología arquitectónica.* Universidad Autónoma Metropolitana. México. 1996.
HARTMANN. *Estética.* UNAM. 1971.
HEIDEGGER, M. (2007). *El arte y el espacio.* (Traducción castellana por Jesús Adrián Escudero), Herder, España, 2009.
HEIDEGGER, M. (1951). *Construir, habitar y pensar.* (Traducción castellana por Eustaquio Barjau), Serbal, Barcelona, 1994.
HEIDEGGER. MARTIN. *Arte y poesía.* Segunda edición (1973) Fondo de Cultura Económica. México. 2014.
KOSIK, K. (2012). *Reflexiones antediluvianas.* (Traducción castellana por Fernando de Valenzuela), Itaca, México, 2012.
PAZ, OCTAVIO. *El arco y la lira* (1972) Fondo de Cultura Económica. México. 2012
UNIVERSIDAD AUTÓNOMA METROPOLITANA. *Anuario de Estudios de Arquitectura; historia, crítica, conservación.* Editorial Gernika. México. 2003.
WORRINGER. W. *La esencia del gótico.* Fondo de Cultura Económica.

30

La arquitectura con nueve sentidos

ALEJANDRA DANIELA ALCÁZAR PRIETO

> *"Nuestros diversos sentidos, que nos parecen tan personales que a veces nos apartan de los demás, van en realidad mucho más allá de nosotros. Son una extensión de la cadena genética que nos conecta con todo lo que en un momento u otro ha tenido vida; nos vinculan con otras personas y animales, por encima del tiempo y las circunstancias. Son un puente entre lo personal y lo impersonal, entre el alma privada y sus muchos parientes, entre el individuo y el universo, entre todo lo que tiene vida en la Tierra."*
>
> D. Ackerman

Hablar de arquitectura y no involucrar a los sentidos, es igual a producir una arquitectura acartonada, desconectada del ser humano, de alguna manera ésta toca nuestra vida, lleva inserta una dimensión de permanencia con algo de vulnerabilidad, interviene directamente en el paisaje, se relaciona con la ciudad y reactiva conexiones de vida, con lo natural, con lo poético utilizando todos los sentidos, no sólo aquellos sentidos que ya conocemos como el gusto, el tacto, el olfato, la vista, el oído, sino también sentidos internos como la memoria, inteligencia, voluntad y subjetividad.

La vista, al ser considerada el sentido por excelencia, en detrimento de los demás, obstaculiza el construir desde el habitar y, consiguientemente, el cuidado de lo diverso desde la unidad. La hegemonía de la vista en las construcciones desvincula la obra de su pertenencia a la unidad del mundo, como si fuera algo separado y al servicio de quien en ella busca expresarse. Así es como la arquitectura deviene en un ejercicio narcisista: un nombre principalmente.

Sin embargo, las construcciones no tienen forma nominal, sino verbal: articulan, estructuran, facilitan o impiden, relacionan o separan.

Como afirma Pallasmaa, la experiencia arquitectónica es el "acercarse o enfrentarse a un edificio, más que la percepción formal de una fachada; el acto de entrar y no simplemente sentir el diseño visual de la puerta; mirar al interior o al exterior por una ventana, más que la ventana en sí como un objeto material". Lo que esta afirmación significa es que el espacio arquitectónico es un espacio existencial, un espacio vivido y no meramente físico ni estético. Quizá me equivoque pero considero que Heidegger estaría de acuerdo.

1

Desde el habitar, la obra arquitectónica expresa el ser en el mundo del hombre, deja ser nuestra condición mundana y por tanto, presta atención a un múltiple cuidado: de tierra y cielo, mortalidad y divinidad. Una sociedad que marche hacia una creciente contaminación, velocidad, mercantilización y pérdida de lo sagrado, es una sociedad que no habita el mundo. Una ciudad que se olvida de lo bello, lo sublime y lo íntimo . Pallasmaa se refiere a la creciente experimentación en las ciudades de las sociedades tecnológicamente avanzadas de las sensaciones de alienación, distanciamiento y soledad .

El ojo es un órgano que hace distancia, el tacto es un sentido que acerca. La primacía concedida hoy al sentido de la vista, además de contar con una importante tradición, no es ajena al vértigo, la prisa y el ajetreo que caracterizan nuestra vida actual, ya que la vista es un sentido rápido, capaz de adaptarse a la velocidad de nuestro mundo tecnológico. Pero algunas consecuencias son la pérdida de cercanía, comunicación y riqueza existencial. De ahí que Pallasmaa proponga "una arquitectura del tacto para recuperar su verdadera finalidad. Sin embargo, todos los sentidos incluso el de la vista pueden considerarse "como extensiones del sentido del tacto" .

Nuestra civilización de la imagen nos afecta negativamente, algo que menciona Debord en su libro la sociedad del espectáculo quien nos invita a pensar sobre la conciencia y la manera en que nos podemos construir individualmente y nos ayuda a traer hacia nuestra vida un actuar reflexivo; en la arquitectura se han hecho proliferar construcciones impactantes, que seducen como un producto más del mercado y de la publicidad, sin considerar a su sentido intrínseco, unido al existir humano y al mundo. El resultado es un empobrecimiento fatal, por mucho progreso técnico que pueda exhibirse. Porque hemos perdido cercanía, corporalidad, cuidado, es necesario reivindicar la corporalidad y la riqueza sensorial humana en su conjunto. En nuestros sentidos no encontraremos el alcance cualitativo propio de los sentidos del animal, pero sí algo mucho más hondo: su apertura al mundo. Nuestros sentidos nos acercan el mundo, uno y diverso, de múltiples modos, no sólo visualmente, de tal forma que cada sentido siente el mundo a su modo. Además, sentir el mundo es sentirlo desde la unidad de todos ellos.

Así lo ha puesto de relieve el filósofo Xavier Zubiri en su trilogía sobre la aprehensión humana: La inteligencia no está separada del sentir; no está separada del cuerpo . Proceder como si lo estuviera es un error. También lo es reducir la diversidad de los sentidos. Todos sienten "mundo", "realidad", "ser" y no sólo meros colores, sabores, sonidos, texturas, etc.; es decir, su alcance trasciende las diferencias sin anularlas, sino comunicándolas entre sí. Porque son sentidos abiertos al mundo: sintiendo desde la unidad, están abiertos a las diferencias y al cuidado de tierra y cielo, mortalidad y divinidad.

Si la arquitectura se proyecta desde el habitar, la unidad del mundo y la diversidad de los entes estará preservada, atendida, cuidada: la tierra no será arruinada, los cielos no se contaminarán sin remedio, lo sagrado no será desvirtuado y los humanos podremos existir nuestra mortalidad.

En el auténtico construir, en el habitar esencial y en la recíproca escucha del diálogo interdisciplinario podremos encontrar hoy una orientación para sortear los peligros que nos acechan desde todas las formas de narcisismo.

Nuestro tiempo sufre una gran crisis no sólo económica, sino también arquitectónica, se producen diseños y objetos con un desmedido protagonismo que se centran en la imagen del arquitecto estrella y los edificios como iconos. Así es como podemos observar una arquitectura desde la vista y para la vista, como lo sugiere Pallasmaa. Lo anterior trae en consecuencia que los objetos producidos adquieran una autonomía que en realidad no les corresponde y se olvidan de su verdadera finalidad: que el hombre pueda habitar poéticamente.

¿Cómo entender ese habitar poéticamente? Desde una mirada metafísica-existencial y arquitectónica sobre el habitar se puede entender éste como como un acto donde el hombre evoca resonancias espirituales donde se va afianzando su identidad y se reconoce en el día a día con las cosas que lo rodean, Heidegger nos habla de ese habitar poético en el mundo entendiendo este habitar en el sentido tanto físico-residencial de la morada como espiritual de la moral . El desarrollo de las ideas heideggerianas respecto al "ser de lo útil" rápidamente se sitúan ante perplejidades que dieron lugar al planteamiento de cuestiones tales como: el desmantelamiento de la relación entre lo útil y lo bello,

| Alejandra Daniela Alcázar Prieto

reflexionando en torno al diseño y la arquitectura, todo esto en el intento de articular una poética de la habitabilidad.

Actualmente por muy amarga y amenazadora que sea la carencia de lugares donde nos resguardarnos para Heidegger la auténtica penuria del habitar no consiste propiamente en la falta de viviendas, sino que reside en el hecho de que los mortales primeramente necesitamos volver a buscar la esencia del habitar.

De ahí que resulte necesario y válido desarrollar un acto reflexivo, que nos lleve a preguntarnos por el sentido de ese habitar. Este pensar reflexivo se presenta desde una comprensión unitaria que abarca la cuaternidad o el cuadrante presente en la naturaleza, la tierra, el cielo, los divinos y los mortales.

Esta comprensión de la cuaternidad es radicalmente diferente al pensamiento representativo que fracciona y establece una separación y dualidad entre el hombre y la naturaleza. Todo ello nos lleva a reflexionar sobre el construir mismo, más allá de las simples reglas y técnicas de construcción y de las preocupaciones habituales de los urbanistas y arquitectos, para dirigir nuestra mirada desde una dimensión superior, más trascendente en relación con el hombre.

Se puede establecer una distinción entre dos modos de entender el construir: uno estaría referido a la palabra *collere* como cultura, cuidar y el otro, construir en sentido técnico o "arte de levantar edificios", en esta última actividad estaría incluida el habitar necesariamente. Sin embargo, para Heidegger, a pesar de que tanto el construir como el habitar, es decir, estar en la tierra para la experiencia cotidiana del ser humano, ha sido siempre lo "habitual", el sentido propio del construir (a saber, el habitar) ha caído en el olvido. En el construir se oculta algo decisivo: el habitar no se piensa nunca como rasgo fundamental del ser del hombre. Agrega Heidegger, que si somos atentos y queremos escuchar lo que el lenguaje nos quiere decir en su silencio, encontramos tres cosas fundamentales:

- Construir es propiamente habitar.
- El habitar es la manera como los mortales habitan la tierra.
- El construir como el habitar se despliega en el construir que cuida es decir, que cuida desde el crecimiento y en el construir se levantan edificios.

Acudiendo a otros campos de conocimiento los arquitectos podremos ser conscientes de que la arquitectura ha de atender al "ser en el mundo" del hombre .

Tener una noción de las ciencias sociales tales como la filosofía, la sociología, la antropología, entre otras, nos permite obtener una aproximación a la voluntad creativa que podrá reflejarse en los valores formales de un objeto arquitectónico, evocando a las expresiones artísticas de un grupo social.

Ser sensibles ante nuestra realidad contribuye a la orientación de nuestras decisiones de diseño encontrando el sentido a eso que somos, mostrando un profundo respeto por nuestro pasado y cultura. Podríamos sugerir que la historia del arte se refleja en la voluntad creativa y en ese hombre primitivo que nos sugiere Worringer el cual produce su propia arquitectura, basado en sus creencias, modos de habitar y de ser ahí.

La arquitectura actual está atravesando por una crisis donde falta la evocación de las relaciones históricas más íntimas de la humanidad, es una arquitectura que muestra el testimonio de nuestra realidad caótica, quizá sea una necesidad de expresión, sin embargo está alejada de ser un fenómeno artístico que trascienda en el tiempo, como lo es el gótico que parte de la revelación y el surgimiento de necesidades históricas humanas y comienza cuando los valores formales se hacen incompresibles como expresión de los valores internos desapareciendo esa dualidad entre la forma y el contenido.

La belleza en una obra arquitectónica está sujeta a un juicio de gusto, sólo se podría considerar belleza en el objeto, si aquel que realiza el juicio carece de concepto alguno sobre la belleza. Sin embargo después de haber juzgado el objeto como bello sería criticado por otro que considere que el objeto no lo es.

La arquitectura maneja dentro de su ámbito factores que hacen la función de conectores para que esta actividad se considere hoy como una de las bellas artes, pudiendo mencionar por ejemplo la belleza en el arte, solución de problemas técnicos en la ciencia, materiales y costos en la economía.

Es quizá por ello que es la actividad más bella de las profesiones ya que el arquitecto debe tener cualidades de otras disciplinas y abordar aspectos fundamentales de cada una de éstas.

Alejandra Daniela Alcázar Prieto

I

Es inimaginable una ciudad sin arquitectura, al igual que la poesía, ésta pertenece a todas las épocas y se ha dado como una forma natural de expresión en la sociedad. La arquitectura nos exige mucho más oficio en nuestros tiempos ya que se encuentra perdida, sin poesía, sin esencia, sin significado, sin lenguaje, víctima de nuestras retinas, sólo se dirige a nuestros ojos como lo sugiere Pallasmaa "la arquitectura de hoy no es para la gente", sin embargo me pregunto ¿acaso la gente de hoy es para la arquitectura? Me perece que el verdadero caos radica en que la sociedad que diseña y produce la arquitectura está pasando por crisis y eso se refleja en lo diseñado y producido, a eso habría que sumarle que gran cantidad de personas que no son arquitectos y se han dedicado a construir, nuestras intervenciones han quedado relegadas, los arquitectos tenemos mucho por hacer. Sería grato que la arquitectura nos hiciera vibrar, nos emocionara, nos ayudara a consagrar un instante y hacerlo nuestro, como los efectos que produce la poesía y ser solo nosotros quienes llevemos a cabo eso que llamamos arquitectura.

Nuestro lenguaje arquitectónico se muestra en el dibujo, las líneas plasmadas en cada trozo de papel aluden a nuestras emociones, sentimientos, temores, carencias a nuestra esencia en sí, de alguna manera nos vamos plasmando a nosotros mismos. Cuando evocamos a la poesía, ésta va más allá de nuestras palabras, tal como sugiere Octavio Paz, "el decir poético dice lo indecible"

La arquitectura necesita ir más allá de una imagen, necesita tocar fibras más allá de donde se encuentra lo superficial, que en palabras de Paz sería "la experiencia de lo sobrenatural es la experiencia de lo otro". Un poema en arquitectura es algo más que técnicas constructivas y materiales, implica el reconocimiento de los seres para quienes se diseña y se produce un objeto. Ya que no hemos evocado a la poesía en la arquitectura, diseñamos objetos sin vigencia perdidos, sin diseño para los humanos, olvidamos que ellos son la base de nuestro desarrollo como especie, hemos perdido la poesía en la arquitectura, hemos dejado de ser humanos.

En la ciudad de Durango podemos apreciar una gran cantidad de obras de arte, sin embargo hoy me gustaría referirme al Palacio del Conde de Valle de Súchil. En este inmueble nos podemos percatar de aquello que Heidegger denomina lo cósico, es una obra que reposa en sí misma y nos da acceso a un goce artístico tanto público como individual. Obra construida durante la segunda mitad del siglo XVIII por el maestro Pedro de Huertas, nos brinda una majestuosa obra arquitectónica novohispana, elegantemente decorada para formar parte del paisaje urbano de la ciudad de Durango.

En aquel tiempo, para que en Durango se llegara a construir un palacio de tal magnificencia, tenían que haberse conjugado muchos factores del desarrollo urbano y arquitectónico de la ciudad y de la fortuna de quien lo hizo construir, así como de quien lo construyó. Durango fue en el siglo XVIII una ciudad en crecimiento. El palacio es un ser-obra de la obra, ya que más allá de su magnificencia y dejando de lado la erección del edificio, este logró consagrarse dentro de la sociedad duranguense. Este edificio sabe *ser obra*, se establece en el mundo, en ese mundo que nos sugiere Heidegger, inobjetable y del que dependemos.

Sin duda alguna este es el palacio más espléndido de la región, cabe destacar la disposición de su fachada con dos cuerpos dispuesta en ochavo y la elegante decoración del segundo cuerpo, con pilastras estípites decoradas profusamente con motivos vegetales que parecen rematar en el nicho donde se encuentra la escultura de San José con el niño.

En el interior sorprende la magnífica arquería baja del patio, con columnas y arcos decorados con estrías zigzagueantes que contrastan con la sencillez de la parte superior.

El lustre que se advierte en la arquitectura de la Casa del Conde de Súchil, es la única pista que permite imaginar cómo la habitarían sus moradores originales. La organización de la casa de dos plantas alrededor dos patios, el principal y el de servicio y sus espaciosas estancias, nos hablan de una arquitectura privada, intima donde se podía evocar el recogimiento.

En la planta baja el zaguán contaba con entrada para dos coches; la disposición en chaflán y la retirada de la columna en la esquina del patio permitían el acceso y circulación hasta las dependencias interiores de la casa. El despacho y las demás oficinas del conde se organizarían alrededor del patio central en donde se pueden observar aun las arquerías en sus cuatro corredores, una escalera de dos rampas comunica con el piso

| Alejandra Daniela Alcázar Prieto

superior. Se pueden observar restos de pintura de la época con roleos y motivos vegetales de color azul obscuro, sobre un fondo blanco, sugieren la riqueza en el adorno y la fantasía ornamental que hoy día se presenta incompleta en sus muros. En la planta noble se encuentran las estancias privada y aposentos, por lo que se puede observar que el salón principal debió presentar un aspecto magnífico de amplias dimensiones. Aún conserva una cubierta original de vigas de madera con labores de talla y sus tres balcones que abren hacia la calle. Con entrada independiente, el apeo y salida al patio de servicio están muy separados del patio principal. En torno a las tres arcadas de este segundo patio están ubicadas la cochera, caballerizas y bodegas, la cocina y demás habitaciones del personal de servicio y doméstico.

La fachada en chaflán o en pancoupé constituye una idea verdaderamente novedosa en el México de esos tiempos, cabe destacar que en el país sólo existen cuatro edificios con una solución similar .

Esta obra nos permite dar espacio, como lo sugiere Heidegger; nos da oportunidad de dejar en libertad lo que de libre tiene lo abierto y ordenarlo en el conjunto de sus rasgos.

Sin duda este palacio inobjetable permite establecer un mundo y la hechura de la tierra, contribuyendo a ser obra de la obra. La obra permite captar la movilidad del acontecer en el ser de la obra.

La ciudad de Durango es un mundo en el que la apertura se abre en los vastos caminos de las decisiones sencillas y esenciales y lo configuran como un pueblo histórico. La obra del Palacio del Conde de Súchil no solo es una obra para admirarla, sino también para habitarla.

De alguna manera la casa del Conde de Súchil es esa casa natal de la que habla Bachelard aquella que "se sueña en la profundidad profunda del ensueño, se participa de ese calor primero, de esa materia bien templada del paraíso material" es una morada que permite enraizarnos, que permite vivenciar, sentirnos cómodos.

Las casas con un patio central son un microcosmos que nos remiten a esa poética del espacio. Es reconfortante salir del interior hacia el exterior en estas casas. Muchas de ellas cuentan con una fuente en medio del patio, la cual expide una agradable brisa, que trae consigo un olor a humedad que, a manera personal, me remite a mi infancia: vuelvo a esa calidad primitiva de la que habla Bachelard.

Evocar a la casa-nido en lo arquitectónico permitirá regresar a ese lugar natural de la función del habitar. Siempre es reconfortante retornar a nuestro nido, después de un largo día de trabajo, donde nuestra alma es tan sensible y se restaura. El nido nos pone en libertad dentro de nosotros, nos brinda un ensueño de seguridad. "Así contemplando el nido nos situamos en el origen de una confianza en el mundo, recibimos un incentivo de confianza, un llamado a la confianza cósmica ¿construiría el pájaro su nido, si no tuviera su instinto de confianza en el mundo?" Sin duda los pájaros construyen su casa onírica, nuestra casa es nuestro nido ante el mundo.

Atendiendo filosóficamente a la imagen poética es preciso llegar a la fenomenología de la imaginación, aquella que se origina cuando la imagen surge en la conciencia de esos seres complejos que somos los humanos, como un producto directo del corazón, del alma, del ser, que captan nuestra realidad y nuestro entorno.

Durango es una ciudad que habla, existen edificios, viviendas que muestran su vitalidad, porque cuando contienen personas se nota. El pausado sonido de las pisadas descalzas por el pasillo, el tac-tac-tac-tac del cuchillo picando la cebolla para el caldillo duranguense de la comida del medio día, la música de fondo en las salas o las risas de los niños correteando por las habitaciones. Una planta en la ventana que eso es para agradecerse.

Se dice que la diferencia entre un ciudadano y un turista es que los primeros siempre van mirando al suelo y en cambio quienes están de visita turística van siempre mirando hacia arriba, descubriendo las calles, las viviendas y los edificios, sean como sean. Y seguramente haciendo el mismo ejercicio de imaginación que hago yo al pensar qué ocurrirán en esas casas cuando se habitan en algún momento del día, qué están cocinando o si están leyendo.

Los recuerdos de las visitas a las ciudades son siempre en forma del "ladrillo emocional": edificios, casas y viviendas que contienen vida. Las fotos lo atestiguan. Esta plaza, este museo, esta calle, esta casa. El 80% de cada foto son edificios y nosotros siempre en un 2°

Alejandra Daniela Alcázar Prieto

lugar: "mira, aquí estábamos delante de la Catedral, y aquí delante del Palacio del Conde de Súchil".

Cuando recorres el centro histórico de Durango seas o no habitante de él, descubres otra ciudad. Tengo la suerte de vivir en él desde hace más de treinta años y siempre tengo la sensación de vivir en una etapa de la historia que ya pasó pero que se sigue construyendo día tras día. Me imagino a los mineros, a los artesanos en sus calles trabajando, a los niños jugando a las escondidas, a gente platicando en la Plaza de Armas y disfrutando de un rico helado. Me gusta imaginar mi ciudad plasmada en eso que observo, al menos, mentalmente.

En realidad soy muy afortunada de vivir en Durango, la mayoría de sus edificios me cuentan un cachito de historia que me hace pensar e imaginarlo y sobre todo no olvidarlo, aún y cuando se recurra a la escenografía, lo otorgo un valor intrínseco que me hace habitarlo poéticamente. Cerca de mi casa hay varios edificios que me hablan cada vez que paso delante de ellos, me explican, me preguntan. Nunca paso de lado, siempre hay un momento en el que casi de forma reverencial, te pones de frente y le saludas: "Hola ¿qué hay de nuevo?". Y allí, un ratito que nos miramos, pensamos y nunca nos despedimos porque entonces la magia del edificio hace el resto y te sigue hablando aunque no estés delante.

Hay momentos de la historia de nuestra ciudad que han dejado huella en mucha gente y que ahora más que dejar huella, lo que se pretende es que ese edificio nos relate lo que vio, cómo se siente y cómo nos invita a conversar. Es curioso cómo los edificios nos invitan dialogar para que sigamos construyendo una historia que no es pasado sino presente, porque se sigue escribiendo. La hermenéutica analógica siempre está presente en los edificios de mi ciudad y me permite hacer una interpretación equilibrada entre el sentido literal y alegórico que he venido narrando a lo largo de esta reflexión. Los edificios habitados por nosotros tienen la capacidad de traspasar el sentido superficial, para llegar a un sentido más profundo que nos invitan a encontrar varios sentidos cuando parece que los edificios sólo nos muestran uno. Cada edificio nos permite descifrar un código, un contenido significativo en el que es posible llegar a un acto interpretativo.

Reflexionando de lo anterior podemos concluir que es

indispensable volver a habitar la tierra desde esa existencia que es precedida por la esencia, cada ser humano va formando su propia identidad tanto colectiva como individual, es un hacernos constantemente. Somos seres que constantemente nos estamos cuestionando, de otra manera estaríamos huyendo a nuestra propia existencia, sin asumir la libertad como concepción fundamental del existir, pues existir es un ser abierto, un poder ser. El desarrollo de nuestro ser nos hace únicos, diferentes de otros seres, siempre tenemos la posibilidad que a través de nuestra existencia escogemos lo que hacemos, creamos y producimos lo que es característico a nosotros mismos y le damos forma a nuestra existencia de acuerdo a formas y valores que vamos aceptando y desechando. Es necesario que la arquitectura actual busque nuevas alternativas viables que manifiesten otra medida del ser humano.

Necesitamos dar un sentido humano a la arquitectura en toda la dimensión que posibilite su ser, si trascendemos la evolución histórica de la arquitectura y dejamos de verla como solo eficiencia tecnológica y de imagen, empezaremos a verla como una actividad cultural, desde una cualidad de enraizamiento en las estratificaciones más profundas de su cultura, para así llegar al corazón del que habita, pues sin hombre no hay espacio ni lugar.

Bibliografía
ACKERMAN, D., Una historia natural de los sentidos, (Trad. de C. Aira.) Editorial Anagrama, Barcelona, 2000
BACHELARD, G. La poética del espacio, (Traducción de Ernestina de Champourcin), F.C.E. Argentina, 2000.

BEUCHOT, M. Hermenéutica, analógica y sociedad, Asociación Mexicana de Promoción y Cultura Social, México, D.F, 2012.

BEUCHOT, M. Perfiles esenciales de la hermenéutica, Fondo de Cultura Económica, México, D.F, 2008

BOLLNOW, O. F, Hombre y Espacio, Editorial Labor, Barcelona, España, 1969

BUBER, M. ¿qué es el hombre? FCE (19ª. Reimpresión) México D.F.1995

CASSIRER, E. El mito del estado. F.C.E. México, 1985, pp 7-63-226

DEBORD, G, La sociedad del espectáculo, (traducción y notas de Jose Luis Pardo), editorial pretextos, 2ª. Edición, Valencia, España, 2003, p. 117

DE LA CRUZ PACHECO, J. Breve historia de Durango, (preámbulo de Alicia Hernández Chávez), 2ª Edición, F.C.E., México, 2011

ECO, U. Los límites de la interpretación, ed. Cit., p. 357

HARTMANN, N. Estética. "Estratos de la arquitectura y acerca del trasfondo que aparece en la arquitectura." Copias de la antología .Pp.147-155, 249-258

HEIDEGGER, M. Arte y poesía, (Traducción y prólogo de Samuel Ramos), F.C.E. México, 1978

HEIDEGGER, M .Construir, habitar y pensar. www.artnovela.com.ar

HEIDEGGER, M. El arte y el espacio.(Traducción de Jesús Adrián Escudero), Ed.Herder, Barcelona, España,2007

KOSIK, K. Reflexiones antediluvianas. (Traducción y edición de Fernando de Valenzuela), Ed. Itaca, México, D.F, 2012.

MARTÍNEZ, R, Ma. Angélica, Momento del Durango Barroco: Arquitectura y Sociedad en la segunda mitad del siglo XVIII, Edición Urbis Internacional, Monterrey, N.L, México. 1996, p 327

PAZ, O., El arco y la lira: el poema, la revelación poética, poesía e historia, F.C.E. México, 2006

WORRINGER, W, Estética y Teoría del Arte. La esencia del Gótico, FCE, México. Copias de la Antología.

ZUBIRI, X, Inteligencia sintiente/inteligencia y realidad, Editorial Alianza 1ra. Ed. Madrid, España, 1991

44

Hacia un funcionalismo espiritual en el ejercicio arquitectónico

CARLOS IGNACIO CASTILLO CASTILLO

Ya hemos dicho con suficiente frecuencia que la obra arquitectónica está hecha para el ser humano y sus necesidades y que en el conocimiento de estas necesidades podemos hallar su solución. También hemos dicho que para dotar al hombre de las soluciones a sus necesidades es necesario conocerle y saber así qué es lo que requiere para desarrollar su actividad humana. Y a pesar de lo obvio de éstos silogismos, dichas preguntas se convierten en una vorágine de dudas filosóficas que nos llevan incluso a preguntarnos sobre la misma esencia del ser. Si bien las preguntas ya son bastante complejas, las respuestas amenazan con no dejar satisfecho a quien pregunta. En la búsqueda de estas preguntas y respuestas hemos de tomar un camino para no perder nuestro objetivo, -la satisfacción de las necesidades elementales- y definir cuáles de las necesidades son elementales. Hemos de abreviar los resultados de esta indagación con el fin de entrar en la materia que nos ocupa: la experiencia de ser (con todos sus sinónimos y símiles: vivir, habitar, crear, pensar, existir, etc.). Para ello hemos de apoyarnos en una visión fonomenológica del hombre.
Según Paul Valéry [1] el hombre se compone de cuatro cuerpos superpuestos entre sí:
1. Nuestra porción del mundo físico (el cuerpo orgánico).
2. La imagen que se percibe de uno mismo.
3. El ser intangible, del cual sólo observamos sus efectos.
4. El resultado de los anteriores, el fenómeno del ser en sí.

Ésta visión del hombre y su conformación nos indica la existencia de una esencia previa (o simultánea a otro nivel) al modo físico en que se presenta el hombre, es decir: el espíritu. Es importante destacar al mencionar al espíritu que no pretendemos acercarnos a una aseveración religiosa de él, sino al entendimiento de la parte intangible del ser, de donde surge la voluntad y a donde van todos los impactos que éste recibe. Basados en estos estudios hacemos una afirmación provisional: el cuerpo físico es el medio por el que se expresa el espíritu y éste (el espíritu) es el que asimila la experiencia del ser mientras ésta sucede.

Una vez que hemos validado la existencia del espíritu y su participación no sólo primordial si no simultánea en la experiencia física de la persona, tenemos ahora otro elemento a considerar: que el hombre habita y realiza prácticamente toda actividad con el cuerpo y el espíritu como un binomio o una suma de potencias. La construcción física puede afectar al ser humano no sólo en su cuerpo físico si no en el espiritual. Es así como podemos deducir que hemos de construir también para el espíritu.

Los esfuerzos realizados en la teoría de la arquitectura se han encaminado a propiciar y facilitar las actividades humanas, aunque éstas eran sólo comprendidas como físicas y racionales antes del rompimiento filosófico del posmodernismo [2], por lo tanto, proponemos retomar una corriente teórica de la arquitectura, ya desarrollada anteriormente, que considera al hombre y sus necesidades espaciales y racionales: el funcionalismo.

El funcionalismo surgió como una crítica a las ornamentaciones consideradas como innecesarias, a los espacios muertos, a los trayectos largos. Exponentes fundamentales de esta corriente fueron Mies Van der Rohe, Walter Gropius, Louis Sullivan y Le Corbusier con su obra *Le Modulor*, quienes proponían que el hombre y sus medidas fueran la base del diseño arquitectónico, convirtiéndose la antropometría en la base fundamental de la práctica arquitectónica.

Bajo este argumento, retomaré al ser humano como la base de la creación arquitectónica y agregaré nuevas consideraciones descubiertas y validadas durante el siglo XX: las necesidades del cuerpo físico y del espíritu, es decir, que la obra arquitectónica esté hecha para que el ser humano pueda llevar a cabo sus actividades y que se mueva dentro del espacio con libertad, tanto en cuerpo como en espíritu.

Para tal efecto, propongo algunas herramientas proyectuales basadas en "Construir, habitar, pensar" de Martin Heidegger, las cuales, a priori, son:

- El construir tiene como meta el habitar
- Construir es en sí mismo ya el habitar.
- El hombre no sólo habita (esto sería prácticamente la inactividad), también mora (desarrolla actividades).
- Ser es habitar, habitar es pensar; por tanto, pensar es construir.
- El hombre es en la misma medida en que habita.
- Habitar: permanecer, residir, estar satisfecho, libre, seguro, preservado de daño y amenaza, cuidado, puesto a buen recaudo.
- Ser en la tierra es parte de una Cuaternidad (tierra, mortales, cielo, divinos)
- El cielo es de donde vienen el día y la noche, la lluvia, las estrellas, la luna y el sol. Las condiciones a que estamos sujetos.
- Habitar es residir cabe (junto con) las cosas.
- Construir: cuidar, erigir.
- El objeto arquitectónico no es sólo el edificio si no todo lo que liga, toca y alberga.
- Para poder construir es necesario primero aprender a habitar.
- Es necesario aprender a construir desde el habitar, pensar desde el habitar.

La corporeización del espacio urbano-arquitectónico

El objeto arquitectónico es con frecuencia considerado más por sus muros, techos y pisos que por los espacios que se albergan dentro de ellos. Lo anterior no es una idea en pro del diseño de interiores, es más bien una idea en pro de la consideración de la importancia del espacio contenido dentro de los objetos arquitectónicos. Hemos de considerar que dentro de una construcción arquitectónica existe un espacio físico intangible que se compone de todos los elementos que existen y habitan dentro de él; la conciencia de que este espacio existe nos aporta un punto de vista más completo acerca de la conformación del espacio arquitectónico.

En el ejercicio de la arquitectura, se considera al arte como un componente esencial de la obra arquitectónica bien llevada a cabo, sin embargo, es necesario que el arquitecto vaya más allá de esta frecuente discusión. Es necesario que el ejercicio del arte se ocupe más allá de los objetos plásticos y que tenga en consideración la incidencia que estos objetos tienen en el espacio, generando a su vez nuevos espacios.

Lo que se intenta expresar ahora es que la arquitectura al crear un objeto contenedor de espacios crea también estos espacios. "El espacio interior en sí mismo es la realidad del edificio." [3] Queda entendido entonces que el objeto de nuestro interés es el espacio que "aparece" [4] contenido dentro del objeto plástico artístico-arquitectónico. Si tomamos en cuenta al espacio como un algo, entonces le podemos adjudicar cualidades de ser (no como un ente, si no como un conjunto de fenómenos que se presentan en una fracción espacio-tiempo determinados), es entonces que podremos tomar consideraciones más apropiadas para dotar de cualidades al espacio arquitectónico.

Hemos de considerar que el objeto arquitectónico no sólo participa en la creación de espacios interiores, sino que es parte de un espacio urbano que le pertenece y al que pertenece desde el momento en que el objeto se inserta en lo urbano. Para entender mejor la idea del objeto arquitectónico dentro del espacio urbano nos sirve tomar como analogía la manera en que interviene un objeto escultórico dentro del espacio en que es contenido; generando nuevas cualidades en el espacio que interviene.

No estamos hablando en sentido figurado cuando decimos que la obra arquitectónica hace aparecer un espacio dentro de sí o que transforma el espacio fuera de ella; esto sucede de manera natural y perceptible aunque no siempre tangible con los sentidos físicos. Pero ¿para qué nos sirve saber que "algo" aparece junto con la creación arquitectónica? Para entender que el trabajo del arquitecto no es solamente la construcción de un objeto material mediante la técnica y la física. Si no, más bien, la creación de este espacio intangible pero perceptible al cual nos hemos referido.

Es así que se propone que la actividad arquitectónica <debiera ser> (y no un deber ser juicioso, sino una necesidad de ser para el éxito de su tarea) sinónimo de actividad artística, pues según la idea de Heidegger [5], "espaciar es la libre donación de los lugares en los que aparece un dios, de los lugares de los que los dioses han huido." Se pretende abrir espacio a lo divino, que el objeto arquitectónico haga volver al espacio el carácter de lo sagrado, lo armónico, y de la perfección, del que se ha despojado al espacio natural con el crecimiento de las urbes. Para esto, nos valemos de la idea de que el arte es la imitación y perfección de la naturaleza [6] y nos apoyamos en la definición que hace Heidegger sobre la creación plástica: "la plástica es la corporeización de la verdad del ser en la obra que instaura lugares." [7]

Sirvan las anteriores consideraciones sobre la necesidad de una actividad artística intrínseca en la arquitectónica para que el arquitecto entienda que el arte dentro de la arquitectura no es sólo un alarde por dotar de estética a los objetos urbano-arquitectónicos, si no una necesidad ineludible por crear un espacio habitable cuya naturaleza contenga cualidades que abonen a una existencia más armónica para el habitador.

Ideas de Heidegger que inspiraron este texto para un a priori:
- "El espacio es ocupado por la figura plástica y queda moldeado como volumen cerrado, perforado y vacío."
    - "El cuerpo plástico corporeiza algo" (hacer aparecer).
    - "El espacio <es> por lo que se le puede adjudicar un <ser>".
    - "Lo peculiar del espacio tiene que mostrarse a partir de él mismo".
    - "Espaciar remite a <escardar>, <desbrozar> una tierra baldía (limpiar el terreno, prepararlo)".
    - "El espaciar aporta lo libre, lo abierto para un asentamiento y un habitar del hombre".
    - "Espaciar es libre donación de los lugares en los que aparece un dios, de los lugares de los que los dioses han huido" (abrir espacio a lo divino).
    - "Espaciar, aporta la localidad que prepara en cada caso un habitar".
    - "El emplazar proporciona a las cosas posibilidad de pertenecerse mutuamente, estando cada una en su respectivo sitio y desde donde se abre a las otras cosas" (co-pertenencia).
    - "El arte como plástica: no una toma de posesión del espacio. La plástica no sería una confrontación con el espacio" (interacción del objeto y el espacio).
    - "La plástica sería una corporeización de lugares que al abrir

una comarca y preservarla, mantienen reunido en torno a sí un ámbito libre que se confiere a las cosas; una libre permanencia y procura a los hombres un habitar en medio de las cosas".

- "...El vacío está presumiblemente hermanado con el carácter peculiar del lugar y, por ello, no es un echar en falta, sino un producir".
- "Vaciar el vaso quiere decir: reunirlo, como lo continente, en su haber llegado a ser libre".
- "El vacío no es nada, tampoco es una falta. En la corporeización plástica, el vacío juega a la manera de un instituir que busca y proyecta lugares".
- "La plástica: la corporeización de la verdad del ser en la obra que instaura lugares".
- "La plástica: un poner-en-obra que corporeiza lugares y que, con éstos, permite que se abran las comarcas de un posible habitar humano y las comarcas de un posible permanecer, las cosas que circundan y atañen a los hombres".

Notas

1. Valéry, P., "Estudios filosóficos", Madrid: Visor 1996, pp. 187-189.
2. El posmodernismo considera las cualidades intangibles del ser humano como los sentimientos, los valores y la voluntad.
3. Frank Lloyd Wright citado por Eduardo Sacriste en "Frank Lloyd Wright's Usonian Houses: The Case for Organic Architecture", Whitney Library of Design: USA, 1976.
4. Aparecer en sentido Aristotélico, es decir: que surge, que viene a la realidad, que se corporeiza.
5. Heidegger, M., "Arte y espacio", Barcelona: Herder, 2007, p.23.
6. Aristóteles citado por Hegel, "Lecciones sobre Estética", Madrid: Akal, 1989.
7. Heidegger, op. cit., p.33.

Bibliografía
Hegel, "Lecciones sobre Estética", Madrid: Akal, 1989
Heidegger, M., "Arte y Espacio", Barcelona: Herder, 2007.
Sacriste E., "Frank Lloyd Wright's Usonian Houses: The Case for Organic Architecture", Whitney Library of Design: USA, 1976.
Valéry, P., "Estudios filosóficos", Madrid: Visor 1996, pp. 187-189.

|Carlos Ignacio Castillo Castillo

52

Heidegger hacia la poética arquitectónica

KARINA CONTRERAS CASTELLANOS

Introducción

"Pero lo que queda, lo instauran los poetas."
(Hölderlin, IV, 43)

"Todo arte es en esencia Poesía" [1] argumenta Martin Heidegger (Alemania: 1889 -1976), Poesía como vínculo básico entre las distintas disciplinas artísticas. Se refiere a Poetizar más allá del sentido restringido de la poesía en general. Por eso se hace la diferencia entre poesía y Poesía. Esto no significa que las demás artes estén subordinadas a la literatura. La Poesía que se encuentra en todas las artes, en términos Heideggerianos, es el verdadero camino para acercarnos a lo divino, al *Ser Absoluto*. Ya que los poetas fundan los nuevos alcances del lenguaje comunicando significados inéditos y con esto amplían nuestra visión del mundo.

He elegido a este filósofo porque en el caso de mi tema de investigación: "Espacio arquitectónico, música para el alma" es esta idea de Heidegger, de que todo arte debe ser Poesía, la que sienta las bases del vínculo entre ambas disciplinas que atañen mi trabajo: música y arquitectura. "La poesía es una metafísica instantánea. En un breve poema, se debe dar una visión del universo y revelar el secreto de un alma, del ser y de los objetos al mismo tiempo" [2]. Por lo tanto la Arquitectura es Poesía cuando es digna, cuando no pierde su sentido, el de crear espacios para el beneficio del ser humano que le ofrezcan mucho más que sólo un techo sobre su cabeza. La Poética de la Arquitectura debe provocar y conmover a quien la habita y la experimenta, llegando a su interior. Espacios que se alojan en la memoria, que nos apropiamos, que propician la reflexión, el disfrute de la vida y cultivar la dimensión espiritual, espacios que preservan y desarrollan nuestra esencia, espacios que nos acompañan en la vida cotidiana, que están diseñados para proporcionar una poética del habitar en armonía con el entorno, con la tierra, el cielo y lo divino.

Poetizar la arquitectura no se limita a espacios de gran envergadura. La Poesía tendría que estar presente siempre en los proyectos a cualquier escala, para habitar, para recorrer, para trabajar o sólo transitorios. No se nos debe olvidar la dimensión humana de la Arquitectura y al vivir rodeados de espacios a lo largo de toda nuestra existencia, estos deberían inspirar nuestra vida e incluso nuestros anhelos de trascendencia.

Poética, Habitar y otros conceptos de la filosofía de Heidegger
"...Y los signos son, desde tiempos remotos, el lenguaje de los dioses."
(Hölderlin, IV, 135).

Heidegger desarrolla su pensamiento influenciado por la fenomenología de Husserl y el nihilismo de Nietzsche, pero marca un parte aguas en la filosofía al cuestionar su base: lo que es el Ser, y no lo da por hecho como otros pensadores. Para él al Ser Absoluto no lo podemos conocer del todo, sólo tenemos la capacidad de ver sus manifestaciones. Este Ser es divino, inabarcable e inaccesible. Coloca al ser humano *(Dasein)* entre el Ente (todo lo que existe y se halla sujeto al tiempo, fenómenos y lo sensorial pero carece de conciencia) y el Ser Absoluto divino que no está sujeto al tiempo. *Dasein* es la esencia como seres humanos, es el ser ahí, el ser en el mundo con conciencia, la existencia humana cuyo límite es la muerte. El *Dasein* debe permanecer abierto al mundo, a los demás, al Ser, y vaciarse para permitir que las cosas sucedan y percibir sus manifestaciones, dándole sentido a su vida. Heidegger describe tres características básicas del ser ahí: el mundo, la finitud y la soledad.

El mundo que habita es la totalidad o plenitud y, al ser el estado de "entero", no puede fragmentarse en fenómenos dispersos, es el conjunto de todo lo real, de lo encarnado y de lo concreto. La finitud o "modo fundamental de nuestro ser", se refiere a la muerte que nos define como seres humanos, ya que es parte intrínseca de nuestra existencia finita. Este proceso de finitud o "devenir finito" se realiza en soledad. La soledad es necesaria para separar la individualidad del Dasein del resto del mundo, no como simple hecho social, sino como diferenciación y como nostalgia. El hombre es soledad por su nostalgia por el Ser Absoluto, al cual anhela, percibe, pero no puede alcanzar en su totalidad. Olvidamos la nostalgia al evadirnos, pero al olvidarla también dejamos de lado la búsqueda de la verdad y de lo divino, y de nuestro sentido existencial.

Por ello el hombre debe evitar una existencia *impropia*, debe optar por el cuestionamiento, sin falsos consuelos y sin evasiones. Empezando por aceptar la inaccesibilidad al Ser, pero aspirando a percibirlo en momentos en los que se está vacío para llenarse de él, aunque esto sólo sean fragmentos de su resplandor, con ello el alma se siente plena. El camino del arte, pero sobre todo el de la Poesía es el que nos ayuda a acercarnos a esa inmensidad y perfección del Ser, al cual añoramos. Al aceptar la ausencia del Ser podremos entonces emprender su búsqueda, la búsqueda de la verdad y tal vez algún día rozar la divinidad. Para el pensamiento griego el término usado para designar al arte se refería no a la mera ejecución práctica de un objeto estético o con ciertas cualidades de belleza. El significado era mucho más amplio y explicaba una especie de saber cómo capacidad de ver y percibir lo presente más allá de la superficie. Y la esencia del saber yace en la desocultación del ente y en revelar al Ser oculto en el arte [3].

Entonces la Poesía es la revelación de la verdad vinculada con lo divino, con el *Ser Absoluto*. La Poesía y el arte que Poetiza entonces nos acercan a este Ser, de ahí su importancia y trascendencia, pues nos llevan más allá de lo superficial, de lo terreno. Conectan nuestra alma hacia otras dimensiones y planos superiores, ayudándonos a darle sentido a nuestra existencia. El lenguaje es el precursor en la evolución del arte, antes de que exista un cambio significativo en las disciplinas artísticas, esta ruptura o cambio se da primero en la Poesía. El lenguaje hace posible el pensamiento y, con ello, la expresión de nuestra visión del mundo; por medio de él expresamos nuestras percepciones, las comunicamos, las transformamos y las aprendemos. Pero de éste, el lenguaje poético es el más libre, ya que permite atisbar lo indescriptible, describir lo imaginario y salir de la dimensión terrena, metaforizando sensaciones, sueños y emociones.

Por eso Heidegger elige a la Poesía como el camino a la verdad. Y dentro de la Poesía toma al romanticismo alemán como inspiración, ya que uno de los temas principalmente desarrollado por sus exponentes fue el de la nostalgia. De ahí que eligiera al poeta alemán Friedrich Hölderlin para analizar en su trabajo la esencia de la poesía [4], pues en su obra se hallan matizadas las distintas formas de nostalgia, como el mundo de los sueños o la reflexión sobre el pasado. "Hölderlin no se ha escogido porque su obra, como una entre otras, realice la esencia general de la poesía, sino únicamente porque está cargada con la determinación poética de poetizar la propia esencia de la poesía. Hölderlin es para nosotros en sentido extraordinario el poeta del poeta" [5]. También lo elige porque coincide con su nostalgia hacia la muerte de los dioses. Hölderlin Y Heidegger comparten esta idea de Nietzsche, la falta de Dios: "La falta de dios sólo significa que ningún dios sigue reuniendo visible y manifiestamente a los hombres y las cosas en torno a sí estructurando a partir de esa reunión la historia universal y la estancia de los hombres en ella. Pero en la falta de dios se anuncia algo mucho peor. No sólo han huido los dioses y el dios, sino que en la historia universal se ha apagado el esplendor de la divinidad. Esa época de la noche del mundo es el tiempo de penuria, porque, efectivamente, cada vez se torna más indigente. De hecho es tan pobre que ya no es capaz de sentir la falta de dios como una falta" [6].

Para Heidegger los poetas son los mensajeros de los dioses, ya que la poesía es la aspiración a lo divino. Así por medio de ella se establece una conexión del hombre con lo terreno y lo celeste, los mortales y el *Ser divino*, cuatro elementos cuyo concepto nombró como la *Cuaternidad*. Este pensador también hace un acercamiento profundo a conceptos directamente ligados a la Arquitectura, principalmente en su ensayo "Construir, habitar, pensar" utilizado para la conferencia que leyó en el *Darmsträder Gespräch* en 1951 ante varios arquitectos que deberían reconstruir las ciudades tras el paso de la Segunda Guerra Mundial. Empieza por analizar el término alemán *bauen* que significa construir y viene de *buan* que significa habitar. Por lo tanto construir es propiamente habitar. Habitar es el fin que preside todo construir. Define al habitar como la actividad que permite al Dasein reafirmarse en su yo soy, que permite la interacción de la *Cuaternidad*, que abriga, que cuida y que permite cultivar (producir) al hombre. Habitar no es sólo residir y permanecer, es también construir, es la manera en como los mortales son en la tierra, y construir como habitar es cuidar y erigir.

"No habitamos porque hemos construido, sino que construimos y hemos construido en la medida en que habitamos, es decir en cuanto que somos los que habitan" [7]. El habitar nos da sentido de pertenencia e identidad. Su objetivo es poder permanecer en un sitio en paz, cuidado y satisfecho. Cuidar no sólo preservando, si no conservando la esencia de algo. Los espacios que habitamos deben de conservar nuestra esencia y permitirnos estar en paz "Los mortales están en la Cuaternidad al habitar" [8]. El hombre reside en la tierra, abajo del cielo y permanece ante los divinos y forma parte de la comunidad de la humanidad junto a otros hombres. Pero el habitar del hombre se encuentra conforme cuida la esencia de la Cuaternidad, en la medida en que salva la tierra, en la medida en que respeta al cielo, en la medida en que espera a los divinos y en la medida en que conduce su propia esencia hacia la muerte, aceptando su existencia como algo finito de que debe hacer algo con sentido.

El hombre habita cuando vive en armonía con su entorno y lo preserva. Lugar, Memoria y Naturaleza contra Espacio, Tiempo y Técnica ideas del enfoque que en la modernidad prevalecía. Son los lugares de la Cuaternidad los que pueden devolver al hombre contemporáneo una dignidad que la técnica contrapuesta a la naturaleza elimina [9]. El habitar permite generar un espacio vacío para contener y permite estar al *Dasein*. Al igual que en el ser humano debe vaciarse para poder contener las manifestaciones del Ser Absoluto, también debe existir este espacio en su hábitat. Todas estas características del habitar son las que permiten construir, erigir con un espacio libre para cuidar y producir. Construir espacios donde se pueda habitar, esto es donde se cuiden las esencias de las cosas y del ser humano junto con los otros tres que forman la Cuaternidad. Construir es el proceso de transformar el espacio genérico a un espacio habitable, aquel que es propicio para llegar a lo profundo de la dimensión humana. Sólo si somos capaces de aprender a habitar seremos capaces de aprender a construir, ahí reside el pensar, la reflexión sobre el profundo significado y repercusión de crear espacios para la vida del hombre, como arquitectos debemos pensar para el habitar.

Descubriendo la Poética en la Arquitectura

*"Pleno de méritos, pero es poéticamente
como el hombre habita esta tierra."*
(Hölderlin VI, 25)

Entonces para habitar se requiere Poesía, por lo tanto la Arquitectura debe ser Poesía, al ser capaz de proporcionar espacios de dignidad habitable. Tiene que generar diseños con las condiciones adecuadas para conservar esta Cuaternidad y acercar al hombre con lo divino. Cualquier espacio que no contemple alguno de los aspectos de la Cuaternidad y del real habitar y construir está por lo tanto incompleto. No sólo está obligada a satisfacer una función para resolver necesidades de subsistencia básica, se requiere propiciar el enriquecimiento de la existencia e incitar la reflexión e introspección que ayude a una transformación interna en búsqueda de la armonía, lo espiritual y la trascendencia. La Arquitectura debe generar Poética del Habitar. El espacio arquitectónico generado desde el proceso creativo debe ir más allá de sus tres dimensiones físicas, debe incluir al tiempo e ir más allá de sus fronteras. La experiencia que el individuo tiene de un espacio trasciende las dimensiones físicas, por eso no es suficiente con ellas para que un espacio sea habitable más allá de un mero espacio genérico.

Teóricos de la arquitectura, como el arquitecto catalán Josep Muntañola, han desarrollado el tema de la Poética en la arquitectura a partir de posturas filosóficas como las de Aristóteles, Kant y Heidegger. El arquitecto plantea el concepto de la Topogénesis, el cual explica como la génesis de los lugares y de una arquitectura que no se limita a los efectos superficiales, sino que diseña en profundidad una poética del habitar, que él describe como aquella que atraviesa un laberinto entre la imaginación y la sensación. También analiza las distintas estrategias de invención de objetos arquitectónicos con capacidad poética a partir del creciente énfasis en ello en la posmodernidad que ha roto con los conceptos modernos de función y forma. Su análisis lo basa en descubrir en las estrategias de diseño de algunos arquitectos en sus obras, las distintas conexiones que la poética del objeto arquitectónico consigue establecer entre el construir, habitar y pensar de Heidegger. Pare él la Poética representa los mitos y argumenta que la única manera de representarlos es reactivarlos, lo cual sólo lo logran resolver los artistas de una gran capacidad metafórica.

Muntañola propone que la calidad poética de un objeto está en su representación, acompañada por acciones, personajes, ideas y argumentos. En el caso de la arquitectura a lo anterior se tiene que sumar su función. El arquitecto o artista creativo que es capaz de transmitir una idea con la complejidad de coordinar función y forma podrá aspirar a la creación poética. Como en la literatura, la trama, la estructura de la obra, es lo que garantiza la calidad de la representación, en el momento que la arquitectura sea vivida por alguien. Un poeta es capaz de relacionar las complejidades necesarias en la obra, así lo hará un arquitecto al poetizar su proyecto. La experiencia estética será el fruto de la composición de esa complejidad.

El Refugio de Heidegger

*"El hombre ha experimentado mucho,
nombrado a muchos celestes,
desde que somos un diálogo y podemos oír unos de otros."*
(Hölderlin, IV, 343)

En la conferencia antes mencionada de 1951, Heidegger describió su refugio, la cabaña que habitaba en Todtnauberg, en la Selva Negra alemana. En ella y en su entorno natural, el pensador encontraba las condiciones necesarias de paz y tranquilidad para trabajar, como en 1926 cuando terminó ahí de escribir "Ser y tiempo". Es una casa rural de hace aproximadamente dos siglos atrás, rodeada de la naturaleza propia de la región. Heidegger va narrando como la casa está diseñada para estar en total armonía con su contexto natural, y por lo tanto con la Cuaternidad: "…la casa en la ladera de la montaña que está a resguardo del viento, entre las praderas, en la cercanía de la fuente. Le ha dejado el tejado de tejas de gran alero, que con la condición adecuada, sostiene el peso de la nieve, y llegando hasta muy abajo, protege las habitaciones contra las tormentas de las largas noches de invierno. No ha olvidado el rincón para la imagen de nuestro Señor, detrás de la mesa comunitaria; ha aviado en la habitación los lugares sagrados para el nacimiento y el árbol de la muerte, que así es como se llama allí el ataúd…."[11].

Nos describe una casa para la Cuaternidad, donde el adaptarse a su entorno es adaptarse a la Tierra y el Cielo, dónde el rincón para lo divino deja entrar el resplandor del Ser Absoluto y la conexión espiritual, y dónde también se ha pensado el espacio para nacer, vivir y morir, en esta existencia finita del *Dasein*. El sujeto que habita una casa, también la va construyendo al habitarla. "La casa de Heidegger es la manifestación de los conflictos existenciales con el tiempo, lo que simplificando hemos denominado nostalgia, el producto de una idealización de la densidad y firmeza del pasado frente a la banalidad del presente" [12]. El refugio de Heidegger ejemplifica su pensamiento, es ejemplo del espacio que propicia el habitar, el construir, de la nostalgia del ser humano que invita a la introspección, y todo ello se traduce en Poesía.

Conclusiones: ejemplos de Poética Arquitectónica

"Mediante mis obras no intento querer producir emociones, sino dejar que las emociones se expandan."
(Peter Zumthor, 2010).

La Poética Arquitectónica por supuesto no se limita a espacios para vivienda o religiosos, debe extenderse a cualquier género, escala, función, rango económico, cultural y temporal. La idea se ha desarrollado a lo largo de la historia de la arquitectura, y después de las reflexiones de Heidegger. Se Poetiza a la arquitectura desde el proceso de análisis y diseño que requiere. El arquitecto se transforma en poeta cuando trabaja para crear espacios para el bienestar humano físico, mental y espiritual. Pueden existir varias estrategias para conseguir plasmar poesía en el objeto resultante del proceso creativo, pero es sólo hasta que el individuo que la usa la experimenta cuando el ciclo poético se consuma.

La experiencia del espacio arquitectónico debe conmover y provocar al alma humana, no importando la temporalidad cuantitativa de esta. Ya sea una experiencia momentánea o cotidiana de habitar, la arquitectura tiene que propiciar instantes poéticos en la vida del hombre. El instante poético es aquel momento complejo, que conmueve, prueba, invita, consuela, es sorprendente, familiar y trasciende el tiempo. Y según Gastón Bachelard se crea cuando el poeta la razón y la pasión como una relación armónica entre dos opuestos [13]. Y para ello se puede partir de la base de los conceptos de Heidegger sobre la Poesía, el habitar, el construir y el Ser en el mundo. A continuación se proponen algunos ejemplos de Poética Arquitectónica, donde sus autores han sabido llegar al alma humana desde su propia reflexión e introspección sobre su idea del mundo y de los efectos que sus espacios pueden crear en la vida de los seres humanos.

Capilla Notre Dame du Haut, Ronchamp, Francia (1951- 1955)
Obra del arquitecto Le Corbusier, su análisis debe partir desde el recorrido que se hace para llegar a su emplazamiento, en lo alto de una montaña. Ese recorrido permite ir descubriendo el entorno natural que envuelve a la obra, para después dejarla por completo. El diseño de Le Corbusier partió de un estudio histórico-geográfico del lugar y de sus experiencias previas y de su admiración por lugares como la Acrópolis griega e incluso analogías con la Villa de Adriano en Tívoli, de donde se basó para el diseño de iluminación. Se proyectó un recorrido, donde los mismos elementos nos van llevando a girar junto con el edificio para ir apreciando distintas perspectivas del mismo.

Esta es una estrategia utilizada por Le Corbusier en otras obras, creando esta expectativa antes de entrar al corazón del edificio, que en este caso es el interior de la Capilla de los Peregrinos. El arquitecto interpretó el contexto natural y geográfico para dar forma a la capilla, tomo en cuenta su emplazamiento y la vista que tendría desde lejos. Sus curvas están inspiradas en la silueta de las montañas. La orientación para el diseño de la luz fue cuidadosamente estudiada. Sus fachadas norte y oeste, cóncavas y cerradas envuelven el espacio interior; la sur y este convexas reciben por entero a la luz. Así logra los efectos de contraste entre luz y sombra que se expanden en el espacio interior que envuelve a quien lo vive dentro de un aire místico.

En este proyecto Le Corbusier pensó en analogías a la

naturaleza para dar forma a la capilla, como lo fue el caparazón de un cangrejo, pero esto a su vez propició una búsqueda no sólo formal sino de una nueva solución estructural para la cubierta del edificio. De la complejidad del diseño del arquitecto, que entre otros aspectos incluyó una serie de ajustes ópticos para dar efectos como el que al interior no se lea exactamente la forma externa, está la metáfora al cosmos absolutamente poética. "Internamente, el techo, cayendo en curva, parece que flotara, ayudado por la cinta de luz entre éste y la pared... Al fondo, la imagen de la virgen aparece iluminada y flotando en un cielo estrellado, el cual en forma curva, apunta al infinito. Una franja vertical de luz, la tercera entrada, establece la correspondencia interior-exterior, por el doble uso del altar y además apunta al este. Y a ese mismo lugar, y no hacia el altar como las iglesias tradicionales, apuntan los bancos... es la metáfora del más allá a donde nos dirigimos y que es al mismo tiempo origen y fin de las cosas" [14]. Esta obra reúne al arte en armonía con la naturaleza y permite ese acercamiento al Ser Absoluto, a lo divino en su recorrido y vivencia del espacio es un poema de luz que conecta con lo espiritual.

Capilla Campestre Brother Klaus, Alemania (2007)
Esta capilla dedicada al Santo Nicholas von der Flüe conocido como Brother Klaus en Alemania es producto de la donación dos granjeros y es de la autoría del arquitecto Peter Zumthor. Esta capilla pretende la discreción y serenidad, y el recorrido austero y sutil desde su contexto campestre al interior. Está formada de una estructura de 12 metros de altura que tiene como acceso una puerta metálica triangular que es casi una hendidura en el volumen. Al exterior es un prisma rectangular, sin embargo, al interior el espacio es irregular, modelado como resultado de su técnica constructiva. Existe una entrada de luz superior que es una ventana en forma circular, la cual también permite la entrada de la lluvia. Además de contar con otras perforaciones en todas las caras para posibilitar otros juegos de luz.

Zumthor tiene la capacidad poética de manejar las distintas complejidades del objeto arquitectónico, como la tecnología aplicada a la construcción, la experimentación de materiales y la sutileza de efectos que crea en el espacio, en este caso el manejo de la luz al interior y el matiz sublime de permitir a la lluvia entrar y resbalar por la textura de los muros. En este proyecto involucró mano de obra local, a los granjeros y sus conocidos. Para su construcción se utilizaron 112 troncos de árbol dispuestos en forma de cabaña que a su vez fueron revestidos por varias capas de concreto, en una técnica llamada "concreto enramado". Estas capas de concreto se lograron virtiendo diariamente el material sobre los troncos de madera. El proceso duró 24 días, dando como resultado una textura similar a la tierra enramada y obteniendo paneles que actúan como aislantes térmicos para proteger del clima exterior. Al final se quemó la madera al interior para dejar únicamente la estructura de concreto. Este proceso fue realizado por mineros utilizando el mismo sistema para hacer carbón, dejando el interior carbonizado. El piso de la capilla fue cubierto con plomo fundido en sitio, y con ello se ubicó una escultura.

Peter Zumthor es un arquitecto cuya trayectoria también está en constante relación con su reflexión personal: "En mi juventud me imaginaba que la poesía era una especie de nube de color de metáforas y alusiones más o menos difusas, de la que, en determinadas circunstancias, se podía gozar, pero que se hacía difícil conectarla con una visión vinculante del mundo. Como arquitecto, he aprendido a entender que probablemente se acerca más a la verdad lo contrario a esta idea juvenil. Una obra arquitectónica puede disponer de calidades artísticas si sus variadas formas y contenidos confluyen en una fuerte atmósfera capaz de conmovernos. Este arte no tiene nada que ver con configuraciones interesantes o con la originalidad. Trata sobre la visión interior, la comprensión y, sobre todo, la verdad" [15] Sus conclusiones coinciden con las de la Poética Arquitectónica que llega a la conmoción del alma humana que se han mencionado antes.

En otro de sus ensayos también medita sobre el pensamiento de Heidegger: "El concepto del habitar, entendido tan ampliamente como lo hace Heidegger, un vivir y un pensar lugares y espacios, encierra una indicación precisa de aquello que para mí, como arquitecto significa la realidad. La realidad de las teorías desprendidas de las cosas no es la que me interesa, sino que es la realidad de la tarea constructiva concreta, cuya finalidad es ese habitar hacia la que quiero dirigir mi fantasía. ...La realidad de la arquitectura es lo concreto, lo convertido en forma, masa y espacio, su cuerpo. No hay ninguna idea fuera de las cosas" [16]. Con esto también se puede apreciar la influencia de las ideas del filósofo alemán, las cuales aún repercuten en el pensamiento de los hacedores de la arquitectura contemporánea.

Sobre la poética en la obra de Barragán

"Mi casa es mi refugio, una pieza emocional de arquitectura, no una pieza fría de conveniencia. Creo en una arquitectura emocional... si hay varias soluciones técnicas a un problema, la que le transmite al usuario un mensaje de belleza y emoción, eso es arquitectura. Una obra de arquitectura que no expresa serenidad no cumple con su misión espiritual..."
(Luis Barragán, 2000)

Por último me gustaría hacer una breve reflexión sobre la arquitectura del arquitecto mexicano Luis Barragán (1902-1988).

Esto con el afán de aclarar que no sólo los proyectos de género ritual o religioso como los antes mencionados alcanzan cualidades poéticas. Si bien Barragán también diseñó una capilla que nos incita a la conexión con lo divino, como lo es la que se halla en el Convento de la Capuchinas en la Ciudad de México, es palpable su poética en obras que diseñó para otros géneros y funciones. Tanto que se le ha denominado arquitectura emocional. Barragán desarrolló su estilo y pensamiento desde las memorias de su infancia y juventud en el rancho de su padre, sus experiencias de vida hasta los anhelos de su imaginario influenciado por filósofos, santos, artistas y escritores. Su biblioteca estaba plagada de obras de personajes como San Francisco de Asís, Marcel Proust, Séneca, Pascal, Baudelaire, Unamuno, Claudel, García Lorca o Carlos Pellicer.

La intensidad y profundidad de Luis Barragán queda plasmada en su arquitectura. El origen de ello debe partir de sus mitos, filosofía, valores, influencias y motivaciones, que juntas en su interior se expresaban al exterior poéticamente, incluso en sus palabras, las cuales podemos leer en algunos textos donde se manifiestan sus reflexiones: "La belleza es una forma del genio; más alta en verdad, que el genio, pues no necesita explicación. Es una de las grandes realidades del mundo, como el sol o la primavera, o el reflejo en el agua oscura de esa concha de plata que llamamos luna… A la belleza el tiempo no la puede dañar. Las filosofías se derrumban como arena; pero lo que es bello es un goce para todas las estaciones, una posesión para la eternidad…" [17]. Pensador profundo, a solas con su alma y la realidad de las cosas, el arquitecto meditaba en su interior. En una entrevista que le hizo Elena Poniatwska a Luis Barragán en 1976, le preguntó por qué lo comparaban con el pintor italiano De Chirico, a lo que él responde: "por las terrazas y los patios de una gran soledad" [18]. Pero la suya es una soledad que no raya en la tristeza, tal vez evoque nostalgia, pero a su vez es cálida, de experiencia interna en búsqueda de la serenidad.

Creador de varios proyectos, sobre todo los de su madurez alcanzan la calidad poética. Jay A. Pritker calificó su trabajo como "un acto sublime de la imaginación poética". Barragán fue un poeta del paisaje y de la luz, incorporaba la vegetación y los claro oscuros en sus espacios, y el agua era otro elemento presente para reflejar, para crear sonido, para despertar todos los sentidos. Su estrategia era la capacidad de plasmar su sensibilidad en el objeto arquitectónico. Obras como el Pedregal, Las Arboledas, la Casa Gilardi, el Convento de Capuchinas, la Casa Ortega y su propia Casa en Tacubaya nos regalan al experimentarlas la provocación interna, conmueven al alma. Crean Poética del habitar, del recorrer, del contemplar, del vivir, aún hoy si nos dejamos envolver por la serenidad de sus espacios. Sin importar su género o su función, esta Arquitectura nos transmite desde el exterior y por los sentidos la interiorizamos y nos emociona. Son lugares donde cabe la Cuaternidad de Heidegger, pues podemos sentir la conexión entre nuestra finitud, la Tierra, el Cielo y lo Divino, lugares donde puede estar el ser en el mundo e inspirarse. Por eso ha trascendido la obra de este arquitecto, por su capacidad de Poetizar al mundo a través de la Arquitectura.

Notas
1 Heidegger, "Martin; Arte y Poesía", México: FCE, 2006, p. 96.
2 Bachelard, Gastón, "El Derecho de Soñar", España: FCE, 1970, p. 226.
3 Heidegger, op. cit., p. 82.
4 Heidegger, op. cit., p.107.
5 Heidegger, op. cit., pp. 107,108
6 Heidegger, Martin, "¿Y para qué poetas?" Fragmento del libro: Caminos del Bosque. Recuperado de: http://www.olimon.org/uan/heideggery_para_que_poetas.pdf. Consulta electrónica: diciembre 3, 20112, p.2.
7 Heidegger, Martin, "Construir, Habitar, Pensar", Traducción de Eustaquio Barjau, España: Conferencias y artículos Serbal,1994, p. 3
8 Heidegger, op. cit., p. 4
9 Ábalos, Iñaki, "La buena vida", España: G. Gili, 2001, p. 49.
10 Muntañola, Josep, "Topogénesis. Fundamentos de una nueva arquitectura", España: Ediciones UPC, 2000, p. 11.
11 Ábalos, op. cit., p.49.
12 Ábalos, op. cit., p.50.
13 Bachelard, Gastón, "El Derecho de Soñar", España: FCE, 1985, pp. 227-228.
14 Muntañola, Josep; Khôra, "Arquitectura y Cultura: Nuevos Paradigmas", España: Ediciones UPC 1988, p. 124.
15 Zumthor, Peter, "Pensar la Arquitectura", España: G. Gili, 2010, p. 19.
16 Zumthor, op. cit., pp. 36,37.
17 Riggen, Antonio, "Luis Barragán. Escritos y Conversaciones", Madrid: El Croquis, 2000, p.41.1955: Reflexiones sobre los temas: la belleza, el artista, la realidad y el arte, a partir de la realidad de Oscar Wilde.
18 Ídem. Extracto de Luis Barragán. Entrevista por Elena Poniatowska. México, 2000, p.119.

Bibliografía
Ábalos, Iñaki, "La buena vida", España: G. Gili, 2001.
Bachelard, Gastón, "El Derecho de Soñar", España: FCE, 1970.
_____, "El Derecho de Soñar", España: FCE, 1985.
Heidegger, "Martin; Arte y Poesía", México: FCE, 2006.
_____, "¿Y para qué poetas?" Fragmento del libro: Caminos del Bosque. Recuperado de: http://www.olimon.org/uan/heideggery_para_que_poetas.pdf. Consulta electrónica: diciembre 3, 20112.
_____, "Construir, Habitar, Pensar", Traducción de Eustaquio Barjau, España: Conferencias y artículos Serbal, 1994.
Muntañola, Josep, "Topogénesis. Fundamentos de una nueva arquitectura", España: Ediciones UPC, 2000.
Muntañola, Josep; Khôra, "Arquitectura y Cultura: Nuevos Paradigmas", España: Ediciones UPC 1988.
Riggen, Antonio, "Luis Barragán. Escritos y Conversaciones", Madrid: El Croquis, 2000.
Zumthor, Peter, "Pensar la Arquitectura", España: G. Gili, 2010.

La esencia poética del habitar
Un encuentro entre el ser y el espacio

CLAUDIA PATRICIA DÁVILA MARTÍNEZ

Para los arquitectos es importante reflexionar sobre la arquitectura que se produce en la actualidad y el compromiso social que adquirimos al trabajar con el espacio habitable; espacio que no solo existe en el objeto construido, sino desde el lenguaje arquitectónico entendido como diseño, que compone y precede a la arquitectura, a través del cual podemos residir imaginariamente y concebir la búsqueda del habitar que tanto se ansía.

La arquitectura que entiende al espacio no como material geométrico o físico, sino como un elemento constitutivo del mundo, tiene el poder de integrar al hombre, logrando su permanencia y permitiéndole espaciar, ya que "cuando Heidegger nos habla del espacio piensa primariamente en un espacio entendido en términos existenciarios y no físicos; en otras palabras, se trata de un espacio vital, pragmático, significativo y público que remite al ámbito de acción en el que se desarrollan las actividades de la vida cotidiana." [1]

Este espacio existencial en el que se desarrolla la experiencia del ser, espacio vivencial donde existe interacción entre los seres existenciales, espacio que los arquitectos tenemos que construir, pero no desde el punto vista físico o tangible, si no entendiéndolo desde nuestros diseños de manera a priori, como el juego entre espacio y vacío; donde el vacío se presenta como las oportunidades, la flexibilidad y el medio donde podemos configurar el espacio antes de construirlo, permitiéndonos reflexionar sobre el "ser" y otorgarle la libertad para poder habitar, es por ello que Heidegger nos menciona al respecto que "Mientras no experimentemos la peculiaridad del espacio, el hablar de un espacio artístico también seguirá permaneciendo un asunto oscuro." [2] Por lo cual permitirnos experimentar el espacio, es entender la dialéctica que existe entre esté, la forma y el vacío.

La arquitectura nos permite acercarnos a la esencia de lo construido a lo que se pretende hacer propio para el ser, al espacio que se configura e interactúa. El ser humano tiene la necesidad de crear, de erigir aquello que le permita crear su propia existencia. La arquitectura como medio de expresión para el ser; el pensar como esencia de la reflexión del hombre que se pregunta y se reinventa en sí mismo.

Los espacios que habitamos y su evolución han creado en la vida del hombre y le han dado el sentido de su existencia. Habitar como proteger nos permite desarrollarnos como seres humanos. "No habitamos porque hemos construido, sino que construimos y hemos construido en la medida en que habitamos, es decir, en cuanto que somos los que habitan." [3] De este modo podemos llegar al entendimiento del arquitecto como hombre con la responsabilidad de diseñar desde su propia existencia, para poder "ser", pero también para permitir "ser", el hombre necesita crear, diseñar para construir, llenar sus vacíos. Es por ello que las construcciones deben permitir al hombre "ser", expresarse dentro de las mismas, para poder habitarlas y construirlas no solo físicamente sino también construirse a sí mismos espiritualmente.

Es así como el arquitecto no pude olvidar la materia prima con la cual trabaja, pero también encontrarse así mismo en todo aquello que proyecta. Karel Kosik nos dice "Cuando los arquitectos reflexionan sobre su trabajo y piensan en la situación de su oficio establecen su misión, la definen determinando las funciones básicas que deben cumplir." [4] Lo cual permite decir que el arquitecto tiene que encontrarse a sí mismo como habitador, para poder desarrollar sus diseños. El permitir que el proceso de diseño nos lleve a unificar nuestros proyectos, no tomando en cuenta la pluralidad que forma parte de cada "ser", acabará con cualquier posibilidad de diversidad y el habitar, ya que no existe un hombre único sino que todos somos diferentes, por tanto es importante que antes de iniciar un diseño se tome en cuenta la esencia del habitante. Para de este modo buscar emprender el camino hacia el habitar poético.

Es por ello que las reflexiones sobre el espacio pocas veces llegan de manera adecuada a la vida de nosotros los arquitectos, dejamos de sentir, nos hacemos indiferentes y nuestros diseños responden a lo económico, renunciamos a pensar en el habitador y abandonamos lo cualitativo por lo cuantitativo. Por tal motivo muchas de las expresiones arquitectónicas de la actualidad renuncian al hombre y a sus necesidades, por ello, el hombre también las desconoce y no genera arraigo con ellas.

Los arquitectos adquirimos la responsabilidad de valorar las vidas que tenemos en nuestras manos, ya que cada diseño que se ve construido influye notablemente no solo en su habitador sino en el contexto del cual forma parte, la mínima modificación en un proyecto incide en la expresión y percepción del mismo. Por lo cual es importante que el arquitecto tenga el conocimiento de la época y el contexto en el cual desarrollara su actividad proyectual.

La arquitectura al entender como su principal objetivo al hombre y a su goce espiritual, es generadora de objetos que permiten llegar a una sensibilidad formal, donde cada uno de los recorridos se vuelven experiencias placenteras y encuentran su aceptación por el hombre de esta y futuras épocas, Hartmann expone que "en la arquitectura la tradición es mucho más fuerte y más esencial para la formación, cuando menos mientras se construya a partir de la sensibilidad formal comunitaria." [5] Ya que nos habla de lo enunciado con anterioridad, sobre como el conocer la esencia de lo sensible y las experiencias que interpreta el arquitecto a través del diseño, para darle al habitador esa seguridad que tanto ansia. El habitador no solo mora o se aloja en el objeto edificado, lo recorre, lo vive y busca que sea una expresión de su habitar, cada espacio es importante, cada detalle es esencial.

Algunas veces nos vemos envueltos en modas, en estilos o métodos para que nuestros diseños sean "aceptables", pero aceptables ¿para quién?, para una sociedad preocupada por el consumo, para burócratas preocupados por el dinero y no por el hombre en realidad, ¿qué buscan los arquitectos?, convertidos en este punto en dibujantes, que sustenten proyectos pensados en un hombre único, en un hombre estándar, del cual surgen todos y cada uno de sus diseños.

No existe un hombre único para el cual diseñar, por ello la arquitectura debe ser diversa y el diseño es la herramienta que nos permite esta diversidad, ya que mediante él habitamos en nuestros proyectos, buscamos en nuestras experiencias instrumentos que nos permitan acercarnos a ese punto donde nuestros diseños se vinculen con su habitante y le permitan expresar su ser, su estar. De este modo Worringer expone que "para la historia del arte no existe un tipo absoluto de hombre, como no existe arte absoluto. Tales absolutos son prejuicios ideológicos que condenan a esterilidad la psicología de la humanidad…" [6] Porque la arquitectura que fija su propósito en la economía solo puede ser estéril, ya que no propone ni permite generar experiencias sensibles más allá de sus muros.

Las construcciones arquitectónicas tendrían que atender a las necesidades de cada proyecto y a la esencia de los individuos que los ocupan y no necesariamente reflejar, al exterior, el carácter de su propósito; es más importante ejercer la función para la que fue construido y encontrar en la dualidad forma-interior una correspondencia que permita que estas dos trabajen en conjunto, con el único fin de generar el espacio poético, ya que, como menciona Worringer, "La psicología del estilo comienza propiamente cuando los valores formales se hacen inteligibles como expresión de los valores internos, de manera que desaparece el dualismo entre la forma y el contenido." [7] En otras palabras, la forma no sigue a la función, ni viceversa, el diseño dicta los parámetros a través de los cuales la forma y el interior trabajan en conjunto para el fin de habitar.

"Se ha podido todo lo que se ha *querido*, y lo que no se ha podido es porque no estaba en la dirección de la voluntad artística." [8] Lo anterior nos dice de alguna manera que el diseño siempre y cuando esté orientado a buscar ese beneficio al hombre y a su encuentro con el habitar, permite como arquitectos lograr que todo sea posible. Las edificaciones que se han realizado con voluntad artística y esencia del "ser", se dirigen sin duda a la dirección correcta, a la búsqueda de lo poético en la arquitectura.

Por lo cual durante la actividad proyectual es importante contactarnos con nuestra existencia material y espiritual, advertir el vivir a través de nuestras experiencias, habitar con el pensamiento, no superficialmente sino de manera profunda, buscar que los espacios que se obtienen en papel, al materializarse se signifiquen por el habitador, permitiendo humanizar las construcciones para encontrar el habitar. "El pensamiento, si es profundo, sincero, auténtico, tiene la fuerza de hacer maravillas." [9] De esta manera y retomando a Cassirer, podemos hablar de este razonamiento en el cual descubrimos que la actividad proyectual se encuentra más allá de nuestros gustos como arquitectos, está en nuestro entendimiento del habitar.

Al buscar al "ser", al descubrirlo en nuestro interior como esencia de lo que todo hombre persigue, encontramos que al construir para el habitar nos acercamos a un entendimiento profundo del placer de la vida, es por ello que esta frase de Cassirer nos evoca ese sentido personal de estar en concordancia con una esencia material y espiritual que, como mencionaba anteriormente, tiene que ver con ese entendimiento del espacio más allá de lo físico y tangible.

El diseño nos permite reconocernos en la libertad de entender nuestra esencia y buscar nuestro "ser", encontrando en nuestra vocación la posibilidad de entender nuestro destino. Al reconocer "el acto libre mediante el cual nos hallamos a nosotros mismos, tiene que completarse con otro acto, por el cual reconozcamos a otros sujetos libres." [10] Reconocernos implica el reconocer en el otro ese deseo de "ser" en el mundo, de manifestar su esencia, su voluntad, luchando por ser genuino y único, en un encuentro con su identidad y con la necesidad de arraigo con su entorno, en la búsqueda continua del habitar.

La actividad proyectual que es fiel a la esencia del habitador y es reflejo de las experiencias y la reflexión profunda del "ser", se regirá por la leyes y la búsqueda del habitar, en cambio si la actividad se corrompe, sigue un camino incierto, se desvía de su fin último, se olvida del habitador y persigue un fin en sí mismo, hecho que pudiera parecer irrelevante, pero que en esencia lo aleja de su trascendencia, de su significado real y su esencia poética, ya que como menciona Octavio Paz "cuando las palabras se corrompen y los significados se vuelven inciertos, el sentido de nuestros actos y de nuestras obras también es inseguro". [11] Así como inseguros serán los diseños que no se levanten sobre cimientos sólidos, que son producto de nuestro entendimiento del "ser y su entorno.

El arquitecto se olvida de su "ser", se pierde en una selva de consumo y un camino de vanalidad, pero existe una voz que nunca lo deja, aquella voz que le permite volver a su centro, el hombre no se olvida del hombre, solo se encuentra distraído, pero llega el momento en que busca y encuentra sentido cuando se aproxima a su esencia, cuando respeta su naturaleza y entiende al habitador como aquel ser para el cual diseñar, por el cual inspirar poesía, por el cual volver a al fin último en sus diseño "el habitar"; por que como menciona Octavio Paz "Lo poético no es algo dado, sino algo que el hombre hace y que, recíprocamente, hace al hombre." [12] Lo poético existe en su ser y no lo abandona, solo es preciso que el hombre escuche su voz.

Una voz que hace acto de presencia en todo sentido, y lo orienta hacia lo poético, a su búsqueda interior y su conexión con sus semejantes. "La imaginación poética no es invención sino descubrimiento de la presencia." [13] Esta frase nos permite descubrir la presencia de ese otro como individuo diferente, pero que es parte del todo, parte de una comunidad. El reconocer la presencia del otro, asume su identidad, advierte sus diferencia y similitudes, para ser consideradas, nos permite a través del diseño comprender que no diseñamos para un ser "único", sino para individuos distintos, pero es esta diferencia la que los vuelve valiosos y la que nos permite como parte de este mundo entender al habitar.

"La experiencia poética, como la religiosa, es un salto mortal: un cambiar de naturaleza que es también un regresar a nuestra naturaleza original." [14] Esa naturaleza original que nos permite acercarnos a nuestra esencia entender a nuestro "ser", buscar el nido en el cual podemos refugiarnos y sentirnos seguros, el habitar como experiencia del disfrute de cada uno de los espacios no solo física sino espiritualmente. Es un acto mediante el cual el hombre no solo se descubre así mismo si no que funda, se revela en la tierra y se encuentra con la esencia de asumir su condición verdadera el "ser".

"Poetizar es por ello enteramente inofensivo. E igualmente es ineficaz, puesto que queda como un hablar y decir… La poesía es como un sueño, pero sin ninguna realidad, un juego de palabras sin lo serio de la acción." [15] Esto nos lleva a reflexionar sobre la poética y el habitar del espacio, que no solo refiere al diseño sino también al construir, construir no exclusivamente en el aspecto físico sino espiritualmente, a través de lo poético que podemos encontrar en el dominio de su lenguaje a través del proceso proyectual, el diseño nos permite habitar mentalmente, reflexionar en nuestro sentido más íntimo, valernos no solo de nuestras experiencias de vida como arquitectos, sino de nuestras intenciones profundas, con miras hacia el habitador, hacia su crecimiento personal y desarrollo en todos los sentidos. El poetizar necesita del lenguaje como su esencia primordial, pues en el encuentra su principio de acción que le permite trascender de simples palabras a su efecto comunicativo.

El lenguaje nos permite un diálogo no solo con nosotros mismos sino con los demás hombres, con el todo, con los celestes, somos diálogo, la expresión nos permite ser, comunicar, entablar un medio para comunicar al hombre con el hombre, pues "desde que somos diálogo… Desde que los dioses nos llevan al diálogo, desde que el tiempo es tiempo, el fundamento de nuestra existencia es un diálogo" [16] Percibir que el leguaje, no solo es el medio para entablar un acercamiento entre el hombre y el hombre, sino también entre el hombre y su esencia, para concebirlo a través del proceso proyectual, donde el diseño puede crear, puede construir en todos los sentidos y nos acerca a su comunicación a través de la obra arquitectónica y las experiencias que puede generar un espacio habitable, por medio de las historias que nos hablan sin voz, que nos tocan sin manos y que nos permiten entender "un mensaje", aunque no esté escrito visualmente, pero que está escrito en cada uno de sus rincones. Es así como la arquitectura nos habla, como la arquitectura se válida a través del tiempo.

"La poesía es instauración por la palabra y en la palabra" [17] "Lo que queda lo instauran los poetas" [18] La poesía trasciende a las palabras, pero no solo en este sentido sino que trasciende lo material, lo resignifica, le permite encontrar la esencia de su ser más profundo, es de este modo como la poética, permite que el espacio producto del construir poéticamente, permita ser descubierto a través de cada uno de los sentidos del hombre, lo cual genera este vínculo no solo espiritual, sino de reflexión y sensibilidad que permiten que el objeto adquiera un significado más allá de su aspecto material.

Es de esta manera como ese significado que le damos a lo construido, es más cercano cuando hablamos de "la casa", ya que encontramos en está un espacio poético cuando nos arraigamos a su esencia, a nuestra esencia, es por ello que como nos menciona Bachelard poéticamente la casa "es nuestro rincón del mundo... Es realmente un cosmos. Un cosmos en toda la acepción del término." [19] La casa es el espacio donde el hombre se descubre así mismo, manifiesta su intimidad, es el espacio interior donde el hombre puede "ser", es un encuentro de recuerdos, olvidos y experiencias presentes en su memoria. A través del diseño podemos vivir los espacios, conectarnos con nuestro "ser íntimo", para buscar esta poética espacial, que permita al hombre espaciar, encontrar en cada uno de los instantes del pasado su presente y vivir en paz. Hasta la casa más humilde es bella, cuando el hombre se apropia de ella, cuando encuentra en ésta su nido y, por tanto, su libertad.

"Si de una casa se hace un poema, no es raro que las más intensas contradicciones vengan a despertarnos, como diría el filósofo, de nuestros sueños conceptuales, y a liberarnos de nuestras geometrías utilitarias". [20] De este modo cuando se diseña para el habitar, el lenguaje del diseño se convierte en el poema que enuncia a la casa y la transmuta en más que simples muros o elementos constructivos, la casa se significa a través de nuestras realidades y sueños, la casa se convierte en nuestro espacio, el espacio logrado a través de su esencia no solo de su materialidad; deja de ser un objeto de uso, para convertirse en ese habitar poético, al cual debe dirigirse cualquier proyecto arquitectónico como fin último. El espacio al considerar estas características desde el diseño, permite a partir de su construcción, vincularse con el "ser", convertirlo en parte de nosotros mismos, parte de un todo y a la vez del todo íntimo del ser. Porque la casa es el espacio que trasciende a la realidad, es parte de lo que somos y de lo que queremos ser.

El habitar poéticamente es encontrar la esencia de las cosas, no en su materialidad, sino en su diálogo con el todo, en un encuentro con los mismos dioses. El habitar poéticamente busca no solo el bienestar del cuerpo material del habitador, sino que busca instaurar su esencia, permitir su desarrollo espiritual, es decir, busca integración de la cuaternidad de la esencia del todo que permite al hombre habitar.

Es por ello que se puede decir a través de Beuchot que "... no hay, para el hombre nada tan real que no se haya filtrado por el conocimiento, ni nada tan cognoscitivo que no recoja la realidad misma, o por lo menos se refiera y apunte a ella." [21] Es la arquitectura en este sentido el cruce entre el hombre y el mundo, el medio tangible del diseño, es el vínculo entre lo creado y lo natural, pero también es un reflejo del hombre, ya que este necesita crear y recrearse, a través de la arquitectura el hombre como arquitecto expresa su esencia, pero también el habitador encuentra refugio, encuentra el habitar.

Es de esta manera como es posible decir que es en este vínculo entre arquitectura y hombre, donde podemos reconocernos el uno al otro, entender que, como hombre, somos semejantes, pero como habitadores todos somos diferentes, es el vínculo con el todo, lo simbólico de la arquitectura que permite unificarnos, por lo que podemos encontrar en Beuchot esa esencia del símbolo de lo simbólico donde nos dice que "sirve para reconocer al otro, al semejante, al análogo." [22]

La poesía nos permite hablar de lo simbólico, de las cosas que se representan en esencia a través de su simbolicidad, la arquitectura encuentra su referente en la poesía cuando permite dotar al objeto edificado no solo de experiencias físicas sino también sensoriales, en una búsqueda por conectar con el habitador, por ser significada, por adquirir un valor y un arraigo con el ser.

Por lo cual en el acto proyectual al existir un diálogo un entendimiento entre el arquitecto, el entorno, el habitador y la búsqueda del habitar, se genera el acto poético en el cual, no existen diferencias, sino la capacidad para comprender lo diferente y mimetizarse con él, para dialogar sin hacer diferencias sino diseñar en un profundo reconocimiento del otro en el arquitecto mismo; de tal manera y como lo expresa Beuchot, al hablar de cómo Bartolomé de las Casas "efectuó una especie de mestizaje, mestizaje cultural, porque logró comprender, al menos en alguna medida, la cultura diferente, y hasta defenderla." [23]

La arquitectura que se realiza a través de este profundo diálogo trasciende al tiempo, genera comarca, permite ese acto de respeto que implica la apropiación, no solo de la generación que la vio surgir, sino también de las futuras generaciones. La actitud, poética como nos menciona Beuchot "nos hace buscar la manera de influir en el curso de los acontecimiento. Es cuando puede ser la historia,... hazaña de libertad." [24]

Esa libertad que nos permite identificarnos con el todo de distintas maneras, en la cual nos reconocemos y nos fundimos en uno con el hombre. La arquitectura con sentido, la que se dirige al habitar y responde al espacio poéticamente habitable, encuentra su fin último en la experiencia y crecimiento del ser a través de su nido, por tanto este sentido no solo se encuentra en su tiempo sino en su trascendencia en él. "La referencia es roma y seca, mientras que el sentido es lo que hace habitable la historia." [25] La historia de los edificios es reflejada en todos sus espacios, pero esta no tiene que ver solo con lo tangible sino también con el conjunto de experiencias que la hace posible.

Esta es la arquitectura que calla y permite vivir, que escucha y permite hablar, pero sobre todo que se erige sobre bases firmes, sobre el habitar. La arquitectura que ve su reflejo en el diseño trabajando con el espacio, no son el uno sin el otro, ambos son simbiosis y el arquitecto al liberar su esencia encuentra en ellos la posibilidad tangible de emprender el fin último de lo edificado, el habitar.

Las reflexiones sobre el espacio como materia prima del arquitecto, así como la importancia de considerar al ser, al habitador desde la actividad proyectual, como parte del entorno sobre el cual basamos nuestros diseños, nos permiten como hombres crear una conexión entre el ser y el habitar poético, pero también genera un vínculo más íntimo con el arquitecto que convierte al diseño en poema y a la arquitectura en poesía.

Es tan poco el tiempo que pasamos en la tierra que es imperativo buscar que lo que diseñamos y el entorno en el que vivimos se acerquen al habitar poético y eleven el espíritu de quien no solo lo habita sino que forma parte de su construcción.

Notas
1. Heidegger, Martin, "El Arte y el Espacio", Trad. Jesús A. Escudero, Barcelona, España: Herder Editorial, 2009, p.42
2. Heidegger, op. cit., p. 19
3. Heidegger, op. cit., p. 3
4. Kosik, Karel, "Reflexiones Antediluvianas", Trad. Fernando de Valenzuela, México: Itaca, 2012, p. 61
5. Hartmann, Nicolai, "Estética", Trad. Elsa Cecilia Frost, México: UNAM Instituto de Investigaciones Filosóficas, 1977, p. 257
6. Worringer, Wilhelm, "La Esencia del Gótico". Argentina: Nueva Visión, 1973, p. 20
7. Worringer, op. cit., p. 13
8. Worringer, op. cit., p. 15
9. Cassirer, Ernst, "El Mito del Estado", México: FCE, 1985, p. 257
10. Cassirer, op. cit., p. 253
11. Paz, Octavio, "El Arco y la Lira", México: FCE, 2012, p. 29
12. Paz, op. cit., p. 167
13. Paz, op. cit., p. 261
14. Paz, op. cit., p. 137
15. Heidegger, Martin, "Arte y Poesía", Trad. Samuel Ramos, México: FCE, 2014, p. 108
16. Heidegger, op. cit., p. 114
17. Heidegger, op. cit., p. 115
18. Heidegger, op. cit., p. 106
19. Bachelard, Gastón, "La Poética del Espacio", Trad. Ernestina de Champourcin, Argentina: FCE, 2000, p. 28
20. Bachelard, op. cit., p. 64
21. Beuchot, Mauricio, "Perfiles Esenciales de la Hermenéutica", México: FCE, 2013, p. 116
22. Beuchot, op. cit., p. 141
23. Beuchot, op. cit., p. 116
24. Beuchot, op. cit., p. 123-124
25. Beuchot, op. cit., p. 123-130

Bibliografía
Bachelard, Gastón, "La Poética del Espacio", Trad. Ernestina de Champourcin, Argentina: FCE, 2000.
Beuchot, Mauricio, "Perfiles Esenciales de la Hermenéutica", México: FCE, 2013.
Cassirer, Ernst, "El Mito del Estado", México: FCE, 1985.
Hartmann, Nicolai, "Estética", Trad. Elsa Cecilia Frost, México: UNAM Instituto de Investigaciones Filosóficas, 1977.
Heidegger, Martin, "Arte y Poesía", Trad. Samuel Ramos, México: FCE, 2014.
Heidegger, Martin, "El Arte y el Espacio", Trad. Jesús A. Escudero, Barcelona, España: Herder Editorial, 2009
Kosik, Karel, "Reflexiones Antediluvianas", Trad. Fernando de Valenzuela, México: Itaca, 2012.
Paz, Octavio, "El Arco y la Lira", México: FCE, 2012.
Worringer, Wilhelm, "La Esencia del Gótico", Argentina: Nueva Visión, 1973.

Las formas de vida, del habitar y de la espacialidad habitable

ERIKA ENCISO SOSA

"Habitar es la expresión de la precisa relación del ser humano con el mundo "
(Merleau Ponty, 2002)

Cuando se habla del vivir inseparablemente se hace referencia al habitar e indisolublemente se piensa en una espacialidad habitable para ello. Estos dos últimos conceptos, habitar y espacialidad habitable (dada por un objeto), son temas recurrentes en la discusión del entorno habitable construido desde diferentes disciplinas, pero siempre en competencia a la arquitectura, cuyo origen deviene del deseo de la materialización de objetos habitables para el hombre; sin embargo, estas aportaciones desde diferentes campos de conocimiento suelen ser fragmentarias y poco vinculadas entre sí, lo que no ha permitido acercarse a la respuesta del cómo se relacionan ambos conceptos, cómo el habitar puede determinar y ser expresado en el objeto habitable (urbano y arquitectónico), y cuál es la importancia de ello. Esta la preocupación central del presente ensayo, que pretende aproximarse, desde el campo de la humanidades y de la teoría de la arquitectura, a una posible identificación de la importancia de la relación de ambos conceptos, habitar y objeto habitable, para (adelantándome) el bien vivir, en una concepción integral del hombre.

I
El habitar, cuyo nombre deriva de la palabra hábito (costumbre o manera de obrar), se expresa a través de todo tipo de actos: prosaicos, poéticos, superficiales, profundos, liberales o serviles, etc. Así, estas maneras de obrar no son tan solo una secuencia más o menos ordenada del actuar, sino más bien son la sustancia del habitar.

El hábito de habitar implica a todos los sentidos, de ahí que se pueda decir que se habita amando, trabajando, estudiando, conversando, durmiendo, etc.; luego entonces, el espacio habitado puede ser identificado, utilizado e imaginado como el escenario de la conducta y acción social e individual del hombre. Así, el habitar crea hábitos, que se expresan en actos y la suma de éstos constituye un principio de la habitación: habitar es habituarse, y habituarse implica permanencia y cierta repetición. A partir de ello se plantea que es entonces el hábito, y no la habitación, la primera secuencia del propósito de habitar.

Hasta aquí surge una pregunta: ¿qué es lo que da sustancia a los hábitos? Ernest Cassirer [1], plantea que la respuesta se encuentra en el pensamiento mítico del hombre. "Lo que un pueblo hace con respecto a sus dioses debe ser siempre la clave, tal vez la más segura, para saber lo que piensa". A la pregunta obligada de qué es el mito, Cassirer expone algunas de las contradicciones significativas producto de un debate moderno con grandes controversias: que el mito es producto de la primitiva estupidez humana, producto de la imaginación, pura fantasmagoría (Tylor), que es grotesco, irracional, incongruente, absurdo, contradictorio, que es ilusión, alucinación y sueños construidos por una mente "prelógica" (Lévy-Bruhl), que es una patología o "peligrosa infección" que se origina en el campo del lenguaje y luego se difunde hacia la civilización humana (Müller), que son principios de asociación esenciales para el funcionamiento de la mente humana ilegítimamente aplicados que conducen a la magia, hermana bastarda de la ciencia (Frazer), que es tomado como realidad y que se piensa y actúa de acuerdo con ellos (Spencer), que son una masa de "ideas", de representaciones, de creencias teóricas y juicios, etc. Parece ser que el hombre se aferra poderosa y obstinadamente al mito en lugar de enfrentarse directamente con la realidad, porque vive una vida de emociones y no de pensamientos racionales.

"Para comprender el mito, se debe empezar por el estudio de los ritos".

Cassirer manifiesta que el mito no puede sustraerse del rito que desprende, así, la antropología ha explicado a los ritos como manifestaciones motrices de la vida psíquica del hombre. Lo que se manifiesta en ellos son tendencias, apetitos, afanes y deseos que se traducen en movimientos (rítmicos, solemnes o desenfrenados, regulares y ordenados o violentos estallidos orgiásticos). Así, "el mito es el elemento épico de la primitiva vida religiosa del hombre, y el rito es su elemento dramático". ¿Qué significa esto de que los ritos son manifestaciones motrices de la vida síquica del hombre?

Ciertamente lo motriz implica movimiento... y lo de la vida psíquica se puede entender a través de las preocupaciones, afanes y deseos del hombre; luego entonces, los ritos pueden ser aquello de lo más profundo emotivamente que pone en movimiento al hombre.

Ello es lo que constituye la sustancia de los hábitos (actos rituales), cuya suma integran el habitar. Heidegger dice: "La manera según la cual los mortales son en la Tierra, es el habitar."

Ello demanda la conformación del terreno donde se desarrolle la vida cotidiana del hombre, es decir, donde tengan "lugar" las prácticas habituales que integran su expresión social concreta dando origen al entorno habitable construido (a saber: lo urbano y lo arquitectónico en diferentes escalas). Este hecho "... determina el surgimiento de dos unidades conceptuales principales: el territorio y el lugar" [2].

Reconocerse dentro de un territorio, como habitante del mismo, donde a su vez habitamos con los nuestros, es un factor de identificación y de pertenencia, es decir, de identidad. Así, el habitar (expresado a través de actos costumbre) territoriza al espacio, el vivir en lo califica, y ambos lo dotan de significado para que sea algo más que un conjunto coherente de sitios; ello hace que cuando se constituye una comunidad territorial, sus habitantes integren una sociedad y la sostengan con sus formas de organización y producción de deseos, necesidades y satisfactores. En los modos de vida se encuentran las bases que definen el entorno construido (urbano y arquitectónico), donde el habitante genera soportes que le permiten identificarse en medio de múltiples acontecimientos y símbolos.

En tanto que se ha planteado que "...el lugar es la manifestación concreta del habitar humano, donde la identidad del hombre depende de su pertenencia a un lugar" [3]. Son los lugares, los sitios donde se asocian rasgos con usos y con usuarios, fines y experiencias pasadas que les permiten adquirir identidad y reconocimiento como parte de un territorio. Ambos, territorio y lugar, más que percibidos son construidos por el individuo y por prácticas y creencias que son de naturaleza social, ello da origen al entorno habitable construido, conformado por lo urbano y lo arquitectónico, que a su vez expresan el habitar.

II

"Al habitar llegamos, así parece, solamente por medio del construir". Recordamos esta frase de Martín Heidegger, con la que inicia su ensayo sobre el "Construir, habitar y pensar" [4], donde plantea que el construir tiene al habitar como meta (yo diría que el construir tiene su origen en el habitar). Si consideramos, como lo plantea Heidegger, que el habitar y el construir están en una relación de fin a medio, entonces ello sugiere que sea el habitar lo que sustente al construir (con la intención de cuidar, de mirar por el crecimiento), con lo que volveríamos al planteamiento de las manifestaciones de los modos de habitar de cada entidad social, sus expectativas y su expresión física concreta: lo construido. Sin embargo, él hace una aportación general respecto a lo que todo ser humano trata de expresar y conseguir en el habitar a través del construir: estar satisfecho, llevado a la paz, permanecer en ella, es decir, preservado de daño y amenaza; todo ello lleva en última instancia a la Cuaternidad (unidad donde convergen la tierra, el cielo, los divinos y los mortales), donde los mortales habitan en la medida en que cuidan de dicha Cuaternidad y la llevan a la esencia de las cosas. Construir es al mismo tiempo el habitar. Ésta, finalmente, es otra manera de abordar la complejidad que el habitar representa, distinguiéndola del edificar y considerando siempre al construir como el habitar mismo). Sin embargo, vayamos ahora a otra interpretación, de lo que el hecho de construir el entorno habitable implica cuando se considera habitar y construir por separado.

La arquitectura tiene un carácter eminentemente propositivo, capaz de responder a las formas de vida (a los hábitos que se desarrollarán) que le dan origen y superar las expectativas previstas, dotándole de nuevas formas habitables que no se contraponen a las formas en cómo se ha venido dando el habitar, por el contrario las pueden revitalizar, en un proceso histórico de la generación de la forma. Al respecto, se ha destacado que los entornos habitables construidos son mucho más que un mero reflejo pasivo de la cultura o un receptáculo para el comportamiento humano, sino que tienen un papel activo en relación con ambos: el hombre y el entorno construido [5], también se plantea que la condición humana y el entorno habitable son el resultado de un mismo proceso dialéctico donde se da un mutuo condicionamiento y formación [6]. Al respecto, C. Alexander [7] ha expresado: "(…) partiendo de la consideración de que todo medio ambiente, grande o pequeño, es la corporización tridimensional de la cultura, entonces sus categorías culturalmente definidas son las que organizan el espacio, ya que cada una de ellas define una actividad, en un lugar, y con sus respectivos comportamientos humanos establecidos." Por su parte Doberti [8] establece una relación directa entre los comportamientos sociales y las conformaciones del hábitat y plantea que los comportamientos de cualquier orden - alimenticios, sexuales, laborales, pedagógicos, etc. - están indicados, posibilitados y delimitados por las estructuras de formas (espacios y objetos) que realizan las nociones de comedor, alcoba, oficina, aula, etc.

De lo anterior, se puede inferir que los objetos no son habitables por sí mismos, aunque su cualidad de habitables es lo que les ha dado origen, es sólo cuando el hombre los dota de significados (los designa) cuando se puede identificar su caracterización de habitable, como cualidad de lo habitable (que puede habitarse, es decir, habituarse lo que lleva implícita cierta permanencia). Así, habitar y habitabilidad, pueden ser entendidas como "…una relación comprometida consciente y activa con el medio físico. Habitamos, al ser parte de los objetos y somos habitados por ellos, al ser parte de nosotros mismos" [9].

Así, el habitar, y ahora más explícitamente los hábitos (actos -acciones), se manifiestan en las diferentes escalas del entorno construido, por y para tales fines, desde los primeros niveles de organización como la casa, hasta los más complejos como la ciudad. De aquí que se pueda decir que las prácticas sociales están en relación directa con los entornos construidos donde se inscriben, pues son las interacciones complejas (acciones y símbolos) de los individuos y de los grupos, en continuo diálogo con el entorno, las que conducen a los diferentes modos (maneras particulares de hacer una cosa) de diseñar, organizar y producir sus espacios habitables. Este es el punto donde se enlazan los procesos de producción proyectual arquitectónica y las formas de vida y la habitabilidad (como cualidad de lo habitable), pues esta producción, como hecho social, estable una específica dinámica del modo de producir objetos habitables, de donde surge la pregunta: ¿Cómo se constituyen los objetos (e intrínsecamente las espacialidades) habitables?

III

Hartamman [10] plantea que, en principio, la arquitectura es la menos libre de todas las artes, ya que está doblemente atada, primero por la determinación de sus fines prácticos a los que sirve (que le dan origen y que no es elegido libremente sino que deviene de un habitador o un constructor que lo demanda), y segundo, puesto que ha de ser construida, la atan el peso y fragilidad de los materiales con que se materializa. Sin embargo, como se ha mencionado, siendo en esencia una actividad proyectual y propositiva de formas, se puede liberar y ser dotada de cierta independencia estética. Esto genera un problema entre libertad y falta de libertad, cuya solución se encuentra en una síntesis, en donde construcción (fin práctico) y composición (fin estético) sean una sola propuesta, para llegar a construir algo más que cosas útiles. Aquí puede residir la genialidad en el arte de la arquitectura.

Para ello, Hartmann propone la identificación y hábil manejo de "estratos externos" en la arquitectura. Respecto a éstos, se pueden identificar: 1) la composición según un propósito: que debe dejar de ser entendida como una limitante, por el contrario la obra arquitectónica "...sólo puede ser una solución que parta por completo del aspecto práctico y elija después las posibilidades que éste le permita desde el punto de vista de la forma estética", reconociendo con ello que la arquitectura nace de un fin práctico pero que en su solución debe mostrarse el arte; 2) la composición espacial: que está referida a las posibilidades estéticas de la organización y dimensionamiento de los diferentes espacios y masas, es decir, al arte del proyectar; y 3) la composición dinámica: entendido como el manejo de los materiales y procesos de construcción ligados a la materia que ha sido elegida según el fin práctico y la composición espacial, así, los tipos de construcción están esencialmente condicionados por el poder técnico, pero siempre al servicio de una composición espacial determinada.

Hasta aquí, pareciera que no hay gran aportación de Hartamman al tema, sin embargo, es en la proposición de identificar otros estratos de carácter interno, definidos como aquellos que dicen algo de la vida o del ser anímico de los hombres que la construyeron, que se encuentra lo relevante para descubrir a través de ello, las manifestaciones del habitar que le dan origen, y a partir de los cuales se puede tener una visión mucho más rica y profunda sobre el hecho arquitectónico. Pero, aclara, no toda obra arquitectónica posee estos estratos. De ahí que se crea que lo peculiar de las formas arquitectónicas es que expresan lo humano, y que no surgen como ocurrencias del individuo, sino que se configuran paulatinamente en una larga tradición, con lo que se confirma el carácter social de la arquitectura. Entonces, distingue tres estratos internos (que aparecen más o menos secuenciados): 1) el sentido o espíritu de la tarea práctica; 2) la impresión de conjunto, de las partes y del todo, que tienen relación directa con los estratos externos de la composición espacial y la dinámica; y 3) la expresión de la voluntad vital y del modo de vida, casi siempre inconsciente y siempre en una cierta oposición con el propósito práctico.

De éstos, el estrato interno que se reconoce como el más profundo es el tercero, pues manifiesta la relación de la voluntad de una vida humana que transcurre en formas habitables determinadas, y se afirma que sólo cuando se da esta relación pueden aparecer la vida y la forma de ser del hombre en sus construcciones. Este es el estrato más interno de la arquitectura, el de la voluntad vital, pero (como se ha mencionado a lo largo de este ensayo) no se refiere a una voluntad individual sino a la voluntad histórica de una comunidad que vive de un "modo" determinado, con unos ideales y unas nostalgia comunes, nacidas de una tradición genuina, es decir, el espíritu del que brota una obra arquitectónica es, desde un principio, un espíritu comunitario (objetivo), que proviene de la distancia histórica, de principios pequeños, y se transforma muy lentamente.

Dicha relación de voluntad de expresión de un particular modo de habitar, tiene una íntima relación con lo que Worringer [11] plantea acerca de la voluntad creativa. En su trabajo, también habla de buscar en las relaciones históricas más íntimas de la humanidad para comprender las energías morfogenéticas existentes en la arquitectura que impulsan la necesidad de su expresión (la voluntad artística, la voluntad de forma) y con ello, comprender al fenómeno mismo de la arquitectura. La tesis que nos propone es: que si se es capaz de considerar a la historia del arte como una historia de la voluntad artística, ésta adquiere una significación universal, porque los cambios de voluntad, se manifiestan en las variaciones de los estilos social e históricamente cambiantes, reflejados en los mitos, las religiones, las reflexiones filosóficas, y en las intuiciones del universo; así, ello se convierte en la historia del alma humana y de las formas en que se manifiesta. Ello conlleva a valorar no tanto a los objetos producidos sino a la voluntad y los conocimientos mismos para materializarlos, y expresa: "La tarea de la investigación de la voluntad artística consiste propiamente en dilucidar las categorías morfogenéticas del alma, es decir sus energías humanas que impulsan a la necesidad de expresarse formalmente en los estilos y su evolución, manifestándose en cambios cuya regularidad se hallan en la relación entre el hombre y el mundo exterior (relación llena de variantes y rica en múltiples peripecias)".

IV

Otra consideración es que el carácter interno de un obra arquitectónica no se agota sólo con el propósito de la misma, ni en la forma espacial ni en la construcción dinámica y los recursos, sino que debiera expresar además algo del carácter y del modo de ser colectivo de los hombres que la crearon, pero no solo desde el punto de vista del productor sino también del posible habitador. Si esto fuera así, muy probablemente la separación que generalmente existe entre los espacios construidos por terceros y los modos de habitar de futuros usuarios no sería tan grande, y las construcciones no sufrirían tantas modificaciones como omisiones del modo de habitar específico del usuario. Esto no quiere decir, que la arquitectura se diseñe reproduciendo fielmente todos los hábitos de su habitador, hecho casi imposible de identificar por el diseñador y/o constructor, y que además le compete al habitador mismo en aras de su apropiación del objeto; de lo que se trataría en todo caso es de partir de la concepción de que el hecho arquitectónico es complejo, que tiene un carácter social, e individual, formal e históricamente contextualizados, mismos que el diseñador, el productor y el constructor debieran atender con la misma avidez que las cuestiones de carácter práctico (económico y técnico), para lograr con ello entorno habitables que sean mucho más que construcciones útiles, porque en ellos se desenvuelve la vida del hombre y éste requiere de lugares con los que pueda relacionarse, pertenecer y finalmente identificarse, para "hacer pie existencialmente". Es dotar a los objetos habitables de su cualidad estética que permitan llegar a poetizar el espacio porque como plantea Heidegger: "Es sólo poéticamente como habita el hombre en la Tierra".

Así, como hecho social, el entorno habitado no puede ser comprendido como algo acabado, cerrado y definido; por el contrario, está inmerso en una dinámica de permanencia y cambio constantes que provocan tensiones, adhesiones y separaciones, continuidades y rupturas. Por ello, el hablar de entorno habitable construido es hablar de un tema tan complejo como la dinámica misma de la construcción socio-cultural. Ante ello, Iglesia [12] vuelve a proponer al lugar (considerado como la unidad espacial elemental del territorio), para ser la unidad conceptual básica del estudio el espacio habitado. Ello sugiere una rica indagación en el tema específico del lugar, pero, desde luego, con las nuevas perspectivas aportadas desde el campo de las humanidades.

Conclusión

Hasta aquí, pareciera que el discurso construido desde las humanidades antepone al ser humano y sus modos de habitar por encima del hacer proyectual y constructivo, con la capacidad de modificar intuitivamente lo que no le satisface. Es decir, que las necesidades del modo habitar están por encima del objeto habitable. Haber comprendido esto me ha posibilitado, además de conocer con más profundidad la complejidad del tema, tomar una distancia crítica sobre el hacer proyectual.

Empero, aún ninguna de las explicaciones anteriores termina por satisfacerme claramente ante el cuestionamiento de ¿cómo se prefigura el objeto habitable en respuesta al modo de habitar?, ni ¿cuál es su participación en el proceso de producción proyectual arquitectónica, para construir el objeto cuya espacialidad habitable este en correlación con el modo de habitar?

Ello es lo que me da pie para la indagación de tesis de maestría, en el campo de diseño arquitectónico, sobre la determinación del modo de habitar en el proceso proyectual del objeto habitable construido (urbano y/o arquitectónico) por su relación con el modo de habitar (colectivo e individual) del hombre. Sin duda no ha habido mejor base y complemento para el tema que lo aportado desde el campo de las humanidades.

Notas

Maurice Merleau-Ponty (1908-1961), filósofo existencialista francés, cuyos estudios fenomenológicos sobre el papel del cuerpo en la percepción y la sociedad abrieron un nuevo campo a la investigación filosófica. Merleau-Ponty nació en Rochefort el 14 de marzo de 1908. Enseñó en la Universidad de Lyon, en la Sorbona y después de 1952, en el Collège de France. El primer trabajo importante de Merleau-Ponty fue La estructura del comportamiento (1942), una crítica al conductismo. Su obra fundamental Fenomenología de la percepción (1945), es un estudio detallado de la percepción con influencias de la fenomenología del filósofo alemán Edmund Husserl y de la psicología de la Gestalt. En este libro mantiene que la ciencia presupone una relación de percepciones original y única con el mundo que no se puede explicar ni describir en términos científicos. Este libro puede considerarse una crítica al cognitivismo -la idea de que el trabajo de la mente humana puede ser entendido, estructurado en términos de reglas o programas-. Es también una crítica contundente al existencialismo de su contemporáneo Jean-Paul Sartre, al mostrar que la libertad del hombre nunca es absoluta, como afirmaba Sartre, sino que está limitada por nuestro propio cuerpo y el de los demás. Enciclopedia Microsoft® Encarta® 2002. © 1993-2001 Microsoft Corporation.

1. Cassirer, E., "El mito del Estado", México: Fondo de Cultura Económica, 1985.
2. Iglesia E., "Vivir y habitar". El habitar. II Congreso Internacional ámbito latinoamericano. Buenos Aires, 1999, p. 35.
3. Norberg-Schulz, "Existencia, espacio y arquitectura", Barcelona: G. Gili, 1975 (pp.144).
4. Heidegger, M., "Construir, habitar y pensar", Barcelona: Conferencias y artículos, 1944.
5. Iglesia, op. cit., p. 70.
6. Hierro, Miguel. "La idea del habitar". Ensayo elaborado para el Taller de Investigación: La experiencia del espacio, la habitabilidad y el diseño., inscrito en el Programa de Maestría y Doctorado, de la Facultad de Arquitectura, México: UNAM, 2001, p.2.
7. Iglesia, op. cit., p. 35.
8. Iglesia, op. cit., p. 37.
9. Hierro, op. cit., p. 2.
10. Hartmann, N., "Estética", México: UNAM, 1977, pp. 147-155, 249-258.

11. Worringer, W., "Naturaleza y abstracción", México: FCE, 1997.
12. Iglesia, op. cit., p. 35.

Bibliografía
Cassirer, E., "El mito del Estado", México: Fondo de Cultura Económica, 1985.
Hartmann, N., "Estética", México: UNAM, 1977.
Heidegger, M., "Construir, habitar y pensar", Barcelona: Conferencias y artículos, 1944.
Hierro, Miguel. "La idea del habitar". Ensayo elaborado para el Taller de Investigación: La experiencia del espacio, la habitabilidad y el diseño., inscrito en el Programa de Maestría y Doctorado, de la Facultad de Arquitectura, México: UNAM, 2001.
Iglesia E., "Vivir y habitar". El habitar. II Congreso Internacional ámbito latinoamericano. Buenos Aires, 1999.
Norberg-Schulz, "Existencia, espacio y arquitectura", Barcelona: G. Gili, 1975.
Worringer, W., "Naturaleza y abstracción", México: FCE, 1997.

Una casa para soñar

JESÚS FLORES CECEÑAS

Heidegger sugiere que "el hombre mora prácticamente en todos lados, pero no habita en todos sino en su casa" [1], esto es debido a que los otros lugares, una fábrica, una escuela, una central de autobuses, un hospital, son planeados y construidos bajo pensamientos racionalistas que condicionan su actuar; mientras la casa le permite desentrañar sus ilusiones, emociones y sueños. Como advierte Cassirer "el hombre vive una vida de emociones, no de pensamientos" [2]. Sin embargo, aun cuando no todas las construcciones están destinadas a servir de vivienda para el hombre, es importante considerar que todas: sean puentes, edificios, estadios, autopistas, mercados, *todas*, están en la región de nuestro habitar y constituyen en nuestra experiencia humana parte de lo habitual. Entendido esto, centremos ahora sí la atención en la casa.

La construcción de la casa se vive en dos etapas, una: la materialización del objeto como cosa; y otra: la construcción simbólica como casa. En la primera interviene el arquitecto con sus conocimientos técnicos e instrumentales, que hacen de alguna manera estéticamente bella la construcción; en el segundo, interviene el habitante con su concepción del mundo: su simbolismo, su cultura, dotando de magia su lugar de habitación. Dicho de otra manera, la casa que se produce en la primera etapa es sólo un bien de consumo, un producto racional que responde a las necesidades fisiológicas del hombre; no obstante, en la segunda etapa, como producto cultural (pensado para el desenvolvimiento del ser) se le dota de "una extraña mezcla de racionalismo y romanticismo" [3], que le permite al habitador además de satisfacer sus necesidades vitales, desarrollar su vida emotiva.

Lo anterior sugiere que en el proceso de producción de la casa, se desencadena un proceso de transformación que va del objeto cosa, que se erige como respuesta a una necesidad de resguardo, a la casa como resultado de la condición de habitar. Y supone que ocupar un lugar o resguardarse en él no es lo mismo que habitar en él, Heidegger afirma, "que habitar no es mero sinónimo de permanecer, eso sería casi la inactividad" [4], así que el habitar es más bien una condición activa, el motor de dicha transformación.

Irremediablemente esto nos conduce a una reflexión: el arquitecto, antes que ser arquitecto también es habitador, ¿bastará esto para completar el proceso de producción de una casa que no sea la suya?

En el presente ensayo se encontrará que el arquitecto no es más que un facilitador, que no hace ni determina, pero hace que se pueda hacer. En el caso de la casa, sólo el propio habitador es quien puede complementar el proceso de producción y transformación a través de su mundo simbólico.

La intervención del diseño

Las edificaciones destinadas a ser por su uso y significación vivienda, pueden cumplir a cabalidad su cometido y ser objetos habitables, o bien, ser a lo mucho sólo ocupables. Por ello, al afrontar un ejercicio de diseño arquitectónico, es conveniente preguntarse: a qué intereses debe responder lo diseñado, ¿a intereses puramente mercantilistas de producir para vender, o a la noble actividad de producir para habitar? Ya que como advierte Cassirer "lo que causa los distintos modos de pensar son solamente los distintos intereses de la razón". [5]

Con esto hemos enunciado dos intereses muy generales que motivan la producción arquitectónica: lo económico y lo habitable; cabe mencionar que éstos engloban a otros intereses más particulares como lo lógico-racional y su contraparte, lo poético-emocional. Hablar de intereses que motivan la producción arquitectónica, no debe confundirse con los intereses que motivan la realización del diseño, pues el diseño no es más que un medio para que la producción se lleve a cabo, así que si algo motiva la generación del diseño, es la eficiencia de los recursos en la materialización de la obra.

Cuando nos referimos al diseño, llegan a la mente distintas ideas que derivan del entendimiento que se tenga acerca del mismo, ideas como que el diseño prefigura la forma de los objetos, que establece la manera de construirlos, incluso que el diseño tiene la facultad para determinar la manera en que se han de habitar los objetos diseñados y de predecir con ello el comportamiento de las personas que los habiten. Pero, realmente ¿qué es lo que hacemos cuándo diseñamos una casa?

El diseño es algo finito y pasajero, sus fines son utilitarios, como optimizar los recursos y dar forma a las cosas; el habitar, por el contrario, es algo permanente. A partir de esta aseveración entendemos que la casa, como producto de la actividad del diseño, no es más que un objeto; mientras que la casa, como lugar de habitación, es expresión del habitar humano, del propio ser que la habita; como dice Heidegger: "lo permanente nunca es creado por lo pasajero" [6]. Es decir, de los dos momentos identificados en la producción de la casa, el diseño participa sólo en el primero.

El arquitecto puede asignarle al objeto arquitectónico una expresión física (carácter), pero no está en sus alcances ni en los del diseño dotarle de una expresión simbólica, pues el valor simbólico no depende de métodos o técnicas proyectuales. Es el habitador y no el arquitecto, quien a través de lo simbólico (su cultura), configura su entorno y no simplemente se adapta como los animales al medio existente. El valor simbólico, como sugiere Cassirer, "radica en la intensificación de las emociones que hacen de la obra (habitada) algo persistente y duradero". [7]

Por todo lo dicho, conviene considerar que la casa será imagen de sus habitadores y que esos habitadores "no son si no que están siendo, que nunca acaban de serse" [8], son "temporalidad y cambio" [9], de ahí que la casa misma resulte ser una obra inacabada, pero también, "una obra con vida propia" [10], y por tanto expuesta a la transformación constante.

Este apunte es de máxima importancia, porque advierte al arquitecto, que pretender determinar el comportamiento del habitador a través del diseño, producto del mero razonamiento lógico, es tanto como condenar al fracaso dicha pretensión, pero también es hacer padecer (más que habitar) al hombre en la edificación diseñada, pues como dice Cassirer: "no es la facultad lógica la que reina en nosotros, sino la imaginativa" [11], la creativa, la que permite al hombre habitante ser partícipe de la creación del "todo" en el que él se desenvuelve; esto último, también exhorta al arquitecto, a que en sus diseños considere un alto grado de flexibilidad, pues el habitador por naturaleza, siente el deseo y la necesidad de ordenar y clasificar los elementos de su entorno [12]. Un objeto arquitectónico que no ofrezca tal flexibilidad, resultará con seguridad ser un objeto que "aparenta ser un lugar de convivencia, habitación y digno de la gente" [13], pero en realidad no será sino un producto inmobiliario que cubre sin más, necesidades de "productores y consumidores". [14]

Al diseñar se plantea un habitar en tono hipotético y con él como referencia, se configura el espacio, se determina la forma de la construcción, se distribuyen las áreas, se contemplan las circulaciones y se propone hasta el acomodo del mobiliario; pero este habitar hipotético no corresponde con lo que acontece en la realidad, simplemente porque "la vida psíquica y cultural del hombre no está hecha de un material simple y homogéneo" [15], es decir, no hay dos personas que habiten de la misma manera.

La arquitectura es una disciplina que se ejerce con base en interpretaciones y argumentos que alcanzan validez universal, pero como dice Beuchot, "a pesar de la universalidad, no conviene perder de vista la particularidad de los casos concretos" [16]. En la actividad del diseño, el arquitecto, ha de proponer soluciones que "hagan bien al ser humano al que interpreta, es decir, para el que diseña, y del cual capta sus necesidades y sus justas aspiraciones" [17]. Interpretar al futuro habitador, es reconocer sus supuestos morfogenéticos, es decir, reconocer su constitución físico-espiritual, sus necesidades, deseos, aspiraciones, miedos, religión, filosofía,..., "sus intuiciones propias del universo" [18]; en consecuencia, la casa diseñada y construida para él, encontrará coherencia entre la realidad y su contexto.

Dice Heidegger: "la esencia del construir es el dejar habitar" [19], y también dice que "sólo si somos capaces de habitar podemos construir" [20], de manera que como diseñadores debemos de considerar no solo las cuestiones técnico-constructivas que hacen posible la materialidad del objeto arquitectónico, sino también aquellos aspectos que son importantes en nuestro propio habitar.

De esta manera, la casa como objeto diseñado, será habitable, no porque ahorre agua y energía o porque esté construida con los materiales vanguardistas o porque presente una adecuada distribución y esté bien comunicada, ¡no!, si no porque le permite al hombre, para quien fue diseñada, desarrollarse a plenitud, disfrutar, soñar, encontrarse con lo divino,…, en pocas palabras, porque le permite a su habitador sentirse como en casa.

El fenómeno del habitar

El habitar del hombre, es la organización en torno a sí mismo, como centro de la naturaleza, organización que resulta tanto espacial como temporal: "su fracción de tiempo rodeada de eternidad, su palmo de espacio rodeado de infinitud" [21]; es decir, el hombre habita en tanto es consciente de sí mismo, así todo gira y todo lo configura en torno a él.

La casa como extensión de la vida del hombre, se vuelve también su centro de referencia, lo lejos, lo cerca, lo dentro, lo fuera siempre estará respecto a la casa; "la casa como obra establece un mundo y el hombre funda sobre él su morada". [22]

Dice Heidegger, que "al habitar, se lleva a cabo cada vez de un modo unitario la cuádruple residencia en la Cuaternidad" [23]; por ello, cada persona habita de distinta manera, porque su relación con la tierra, con el cielo, los divinos y los mortales se presenta de una manera en particular. Esto permite afirmar, que es imposible y hasta ilógico pretender estandarizar los diseños y la producción de objetos arquitectónicos destinados a ser viviendas, así se trate de la llamada vivienda de interés social, pues es algo como pretender estandarizar los modos de habitar. Pero también nos permite entender el por qué una vez habitadas estas viviendas, que inicialmente son iguales entre sí, se desencadena en mayor o menor grado, una serie de modificaciones que tienen como único fin facilitar el habitar.

En esto encontramos de nueva cuenta los dos momentos en la producción de la casa, de los que hemos venido hablando, pues el objeto arquitectónico no es construido como fin, sino como medio para un fin más elevado: el habitar. Sin embargo, en el primer momento, como objeto materializado se distingue fácilmente cuando la construcción se ha terminado. Pero respecto al habitar, en el segundo momento, es difícil determinar el instante en que el habitar se ha consumado. Pese a ello Bachelard nos da una clave: "todo espacio realmente habitado lleva como esencia la noción de la casa -se vive en él- la casa en su realidad y en su virtualidad, con el pensamiento y los sueños" [24], esto es, cuando nos sentimos como en casa, el habitar ha llegado a su plenitud. También podemos decir que la obra arquitectónica, como producción simbólica, llega a su plenitud cuando estimula o como dice Beuchot, "ilumina, no sólo los sentidos, la imaginación y la emoción, sino también la inteligencia, la razón y la voluntad: en definitiva, a todo el hombre" [25]. Sin embargo, este momento de plenitud no es definitivo, pues como se ha expuesto, el habitar es permanente y constantemente cambiante, en razón de que el habitador se relaciona cada vez de manera distinta con el mundo.

A través del habitar, el hombre crea y recrea su mundo; porque el mundo para el hombre es "el círculo siempre cambiante de decisión y obra, de acción y responsabilidad, pero también de capricho y alboroto, de caída y extravío que constituye su historia" [26]. Así la casa, que representa el mundo y morada del hombre, se ve expuesta a su constante transformación y renovación, visibles en su variabilidad y expresión formal, así acontece el fenómeno del habitar en la casa. Según Worringer: "la variabilidad de la expresión formal está determinada por la evolución histórica humana" [27], esto es "por las continuas mutaciones en la relación del hombre con su mundo circundante". [28]

Hölderlin dice: "pleno de méritos, pero es poéticamente como el hombre habita esta tierra" [29]. Así, como acto poético, el habitar también resulta permanentemente cambiante, pues como afirma Heidegger: "la esencia de la poesía (lo poético) pertenece a un tiempo determinado". [30]

De la utilidad práctica a la esencia artística de la casa
En seminarios anteriores [31] para evitar conflictos sobre si la obra arquitectónica es o no es una obra de arte, se sugería la idea de que existen obras arquitectónicas con esencia artística (lo cual implica también que las haya sin la citada esencia); en lo particular, considero simplemente que si una obra no tiene esa esencia artística no es arquitectónica, es mera construcción; en cambio, si

tiene esa esencia artística es arquitectónica y en consecuencia es una obra de arte. Entonces, ¿por qué la inseguridad en considerar o no la obra arquitectónica como obra de arte?

Vivimos entre las cosas, todas con alguna utilidad, algunas nos sirven para facilitar el trabajo, otras para protegernos, unas más para divertirnos, algunas para producir placer, y son tan comunes las cosas para nosotros que degradamos su valor. Así diferenciamos a los seres vivos animados o no, como animales y plantas, y su carácter de "vivos" los hace diferentes y superiores entre las otras cosas, la obra de arte también nos parece diferente y superior, por ello no nos percatamos que la casa que habitamos, al igual que la obra de arte, tiene su estado cósico, también es una cosa, como dice Heidegger, "todo es cosa" [32]. Pero el considerar la obra de arte como algo superior entre las cosas, "puede llevar al error de colocarla en un estrado tan alto que ya no sirva para nada" [33]. Recordemos que "el arte vale como expresión de la vida del hombre" [34], la obra arquitectónica, en especial la casa, también es parte de su expresión.

Heidegger dice que "la cosa es lo perceptible en los sentidos por medio de las sensaciones" [35], de manera que vemos, tocamos, olemos y pueden gustarnos o no las cosas. Sin embargo, cuando experimentamos una obra de arte, nos produce emociones que afectan nuestro estado de ánimo, esto nos advierte de que la obra de arte, "encima de lo cósico es además algo otro. Y eso otro que hay en ella constituye lo artístico –la esencia artística–" [36]. Así también en la casa, existe eso otro que provoca emociones que dan sentido al sentirnos como en casa.

Hay quienes consideran la obra arquitectónica como la mayor de las manifestaciones artísticas, pues dicen, es la única capaz de albergar en su interior a todas las otras; sin embargo, creo conveniente considerar que esa grandeza se la da, más que el poder albergar a otras manifestaciones artísticas, el albergar al hombre y sus vivencias, "ser-uno-para-otro y el ser-uno-con-otro en relación con la no-ocultación" [37]. Pero también el hecho que la obra arquitectónica, como dice Hartmann: "no sea un arte libre sino servil" [38]; como toda obra arquitectónica, la casa, si no tuviera ninguna determinación práctica, sería como una lámpara apagada en la oscuridad; o si fuera una obra arquitectónica que no albergara el habitar y el ensueño, sería sin más un contenedor de las más elementales actividades humanas.

Hasta ahora, hemos venido hablando de dos momentos en la producción de la casa; el primero, la producción material de la casa como respuesta a una necesidad de resguardo; y, el segundo, la producción simbólica de la casa como resultado del habitar. En este sentido podemos mencionar que, apenas tiene lugar el segundo momento, la casa deja de ser una mera construcción y se convierte en una obra arquitectónica, se desprende de sus fines utilitarios y se convierte en poema, y una vez como poema, "revela lo que son sus habitadores –y a la vez– les invita a ser lo que son" [39]. La casa trasciende su materialidad, "mantiene un trasfondo vivo que la llena y la anima". [40]

La casa al igual que el poema, resulta ser "una obra siempre inacabada, siempre dispuesta a ser completada y vivida por un habitador nuevo" [41]. Paz afirma que "la poesía nos brinda una posibilidad a vivir plenamente, aun cuando vivir plenamente quiere decir, vivir también la muerte" [42]. Así, una casa como creación poética, ha de permitir un habitar igualmente poético, esto es: que posibilite vivir a plenitud, vivir con arrobamiento, soñar y morir en paz.

Ahora bien, no todos estamos capacitados para crear ni para disfrutar una obra de arte. Beuchot sugiere que "para entender y degustar la obra de arte, se precisa de la participación de un mismo marco conceptual al que el autor pertenece y el espectador se incorpora" [43]; en la creación de la casa como obra de arte, no sólo se distinguen los dos momentos citados sino también dos direcciones, arquitecto y habitador son artista y espectador, espectador y artista, lo uno y lo otro a la vez, pues la casa no es sólo "una representación del mundo real, ni del mundo simbólico de sus habitantes, ni del mundo ideado por el arquitecto" [44]; el arquitecto requiere conocer el marco conceptual de los habitadores para diseñar y producir lo que los habitadores demandan, así el marco conceptual de referencia pertenece al habitador y el arquitecto se incorpora; después, el artista se vuelve espectador y el espectador artista, en el proceso de significación y apropiación de la casa, momento en que el habitador da los últimos toques a la obra de arte y el arquitecto observa y adquiere experiencias para participaciones futuras.

Otro argumento que afianza esta misma idea proviene de Heidegger, para él "una obra no puede ser sin ser creada, como tampoco puede lo creado llegar a ser existente sin la contemplación" [45], es decir, la obra no es completa por sí misma; de esta manera, la edificación no deja de ser una cosa, sin la participación de las personas que mediante su habitar complementen la actividad creadora iniciada por el arquitecto, en su vivencia y contemplación "se abandonan a la desocultación de su propio ser". [46]

Cassirer nos dice que "para que la vida se conserve tiene que ser constantemente renovada" [47], esta es la importancia de considerar la obra arquitectónica en general, y la casa en particular, como una obra de arte, pues al igual que la obra de arte, la obra arquitectónica permite experimentarla de múltiples maneras y con ello renovar nuestras emociones; así, la casa es una obra que permite conservar la vida, no de una manera estable (eso sería simple resguardo, alojamiento) sino a plenitud, al ser poéticamente habitable. Es decir, toda construcción considerada por su esencia artística, arquitectónica, es habitable porque permite no solo la permanencia del hombre en ella y el desarrollo de ciertas actividades, sino, como dice Heidegger, porque procura un "permanecer, estar satisfecho, llevado a la paz y permanecer en ella preservado del daño y de la amenaza". [48]

El beneficio de la casa

Ya hemos distinguido la obra arquitectónica de la simple construcción y hemos reconocido que ambas pueden tener una utilidad práctica, por ejemplo resguardar al hombre; pero sólo la casa como obra arquitectónica lo alberga y a la vez expresa sus sueños, anhelos, aspiraciones, logros, ideales, su forma de ser y de vivir; es decir, la casa "expresa algo de la vida y del ser anímico de los seres humanos" [49] que las demandan, las construyen y las habitan.

La casa, como obra arquitectónica se vuelve centro de referencia de sus habitantes. La casa, no sólo "relata el pasado sino que además lo revive y lo hace presente" [50]. La casa constituye una obra de arte, no por su materialidad constructiva, sino por su producción simbólica, pues como lo sostiene Gadamer: "la obra de arte es tal por contener una fuerte carga de simbolicidad" [51].

Y así se podría seguir enunciando los beneficios de la casa, sin embargo, Bachelard resalta el beneficio más preciado: "la casa alberga el ensueño, la casa protege al soñador, la casa nos permite soñar en paz". [52]

Todo esto nos conduce a una reflexión final en torno al diseño de la casa: la casa, contrario a como se ha planteado desde la formación como arquitectos, no tiene por qué ser el más sencillo, el más fácil o el menos importante de los ejercicios de diseño; diseñar una casa ha de considerarse el ejercicio más noble, el más humano, el más emotivo, así, nuestros recuerdos y los recuerdos de los futuros habitadores de la casa "hallarán refugios cada vez más caracterizados". [53]

Bachelard sugiere que "una agradable habitación hace más poético el invierno, y a la vez, el invierno aumenta la poesía de la habitación" [54], el frío da sentido al calor, "con ello la casa será más cálida, más dulce, más amada" [55]. Así, en el diseño arquitectónico resulta conveniente, jugar con los complementos de todas las situaciones: la luz y la sombra, lo grande y lo pequeño, lo durable y lo efímero, lo lleno y lo vacío… a fin de propiciar en el habitador las más gratas experiencias.

Aun con todo, la obra arquitectónica es una posibilidad para un habitar poético, ya lo dice Octavio Paz: "el poeta (arquitecto) no hace -ni determina- pero hace que se pueda hacer, y el que hace es el hombre (habitador), el creador y recreador" [56] de su mundo simbólico.

Notas
1. Heidegger, Martin, *"Construir, Habitar y Pensar"*, Trad. Eustaquio Barjau, Barcelona: Serbal, 1994, p. 1
2. Cassirer, Ernst, *"El Mito del Estado"*, México: FCE, 1985, p. 32
3. Cassirer, *op. cit.*, p. 27
4. Heidegger, Martin, *"Construir, Habitar y Pensar"*, Trad. Eustaquio Barjau, Barcelona: Serbal, 1994, p. 2
5. Cassirer, Ernst, *"El Mito del Estado"*, México: FCE, 1985, p. 17
6. Heidegger, Martin, *"Arte y Poesía"*, Trad. Samuel Ramos, México: FCE, 2014, p. 115
7. Cassirer, Ernst, *"El Mito del Estado"*, México: FCE, 1985, p. 60
8. Paz, Octavio, *"El Arco y la Lira"*, México: FCE, 2012, p. 136
9. Paz, *op. cit.*, p. 180
10. Paz, *op. cit.*, p. 16
11. Cassirer, Ernst, *"El Mito del Estado"*, México: FCE, 1985, p. 228
12. Cassirer, *op. cit.*, p. 21
13. Kosik, Karel, *"Reflexiones Antediluvianas"*, Trad. Fernando de Valenzuela, México: Itaca, 2012, p. 55
14. Kosik, *op. cit.*, p. 60
15. Cassirer, Ernst, *"El Mito del Estado"*, México: FCE, 1985, p. 47
16. Beuchot, Mauricio, *"Perfiles Esenciales de la Hermenéutica"*, México: FCE, 2013, p. 113
17. Beuchot, *op. cit.*, p. 138
18. Worringer, Wilhelm, *"La Esencia del Gótico"*. Argentina: Nueva Visión, 1973, p. 19
19. Heidegger, Martin, *"Construir, Habitar y Pensar"*, Trad. Eustaquio Barjau, Barcelona: Serbal, 1994, p. 8
20. Ídem
21. Cassirer, Ernst, *"El Mito del Estado"*, México: FCE, 1985, p. 234
22. Heidegger, Martin, *"Arte y Poesía"*, Trad. Samuel Ramos, México: FCE, 2014, p. 66-67
23. Heidegger, Martin, *"Construir, Habitar y Pensar"*, Trad. Eustaquio Barjau, Barcelona: Serbal, 1994, p. 4
24. Bachelard, Gastón, *"La Poética del Espacio"*, Trad. Ernestina de Champourcin, Argentina: FCE, 2000, p. 28
25. Beuchot, Mauricio, *"Perfiles Esenciales de la Hermenéutica"*, México: FCE, 2013, p. 151
26. Heidegger, Martin, *"Arte y Poesía"*, Trad. Samuel Ramos, México: FCE, 2014, p. 112
27. Worringer, Wilhelm, *"La Esencia del Gótico"*. Argentina: Nueva Visión, 1973, p. 20
28. Ídem

29. Heidegger, Martin, *"Arte y Poesía"*, Trad. Samuel Ramos, México: FCE, 2014, p. 116
30. Heidegger, *op. cit.*, p. 123
31. En el seminario Arquitectura desde las Humanidades de la maestría en Arquitectura de la UNAM, impartido por la M. en Arq. Karina Contreras, es donde se hace esta sugerencia de la esencia artística de la obra arquitectónica.
32. Heidegger, Martin, *"Arte y Poesía"*, Trad. Samuel Ramos, México: FCE, 2014, p. 40
33. Heidegger, *op. cit.*, p. 25
34. Heidegger, *op. cit.*, p. 100
35. Heidegger, *op. cit.*, p. 44
36. Heidegger, *op. cit.*, p. 38
37. Heidegger, *op. cit.*, p. 91
38. Hartmann, Nicolai, *"Estética"*, Trad. Elsa Cecilia Frost, México: UNAM Instituto de Investigaciones Filosóficas, 1977, p. 150
39. Paz, Octavio, *"El Arco y la Lira"*, México: FCE, 2012, p. 41
40. Hartmann, Nicolai, *"Estética"*, Trad. Elsa Cecilia Frost, México: UNAM Instituto de Investigaciones Filosóficas, 1977, p. 148
41. Paz, Octavio, *"El Arco y la Lira"*, México: FCE, 2012, p. 192
42. Paz, *op. cit.*, p. 155
43. Beuchot, Mauricio, *"Perfiles Esenciales de la Hermenéutica"*, México: FCE, 2013, p. 69
44. Beuchot, *op. cit.*, p. 64
45. Heidegger, Martin, *"Arte y Poesía"*, Trad. Samuel Ramos, México: FCE, 2014, p. 89
46. Heidegger, *op. cit.*, p. 90
47. Cassirer, Ernst, *"El Mito del Estado"*, México: FCE, 1985, p. 51
48. Heidegger, Martin, *"Construir, Habitar y Pensar"*, Trad. Eustaquio Barjau, Barcelona: Serbal, 1994, p. 3
49. Hartmann, Nicolai, *"Estética"*, Trad. Elsa Cecilia Frost, México: UNAM Instituto de Investigaciones Filosóficas, 1977, p. 252
50. Cassirer, Ernst, *"El Mito del Estado"*, México: FCE, 1985, p. 247
51. Beuchot, Mauricio, *"Perfiles Esenciales de la Hermenéutica"*, México: FCE, 2013, p. 71
52. Bachelard, Gastón, *"La Poética del Espacio"*, Trad. Ernestina de Champourcin, Argentina: FCE, 2000, p. 29
53. Bachelard, *op. cit.*, p. 31
54. Bachelard, *op. cit.*, p. 53
55. Bachelard, *op. cit.*, p. 54
56. Paz, Octavio, *"El Arco y la Lira"*, México: FCE, 2012, p. 168

Bibliografía
Bachelard, Gastón, La Poética del Espacio, Trad. Ernestina de Champourcin, Argentina: FCE, 2000.
Beuchot, Mauricio, Perfiles Esenciales de la Hermenéutica, México: FCE, 2013.
Cassirer, Ernst, El Mito del Estado, México: FCE, 1985.
Hartmann, Nicolai, Estética, Trad. Elsa Cecilia Frost, México: UNAM Instituto de Investigaciones Filosóficas, 1977.
Heidegger, Martin, Arte y Poesía, Trad. Samuel Ramos, México: FCE, 2014.
Heidegger, Martin, Construir, Habitar y Pensar, Trad. Eustaquio Barjau, Barcelona: Serbal, 1994.
Kosik, Karel, Reflexiones Antediluvianas, Trad. Fernando de Valenzuela, México: Itaca, 2012.
Paz, Octavio, El Arco y la Lira, México: FCE, 2012.
Worringer, Wilhelm, La Esencia del Gótico, Argentina: Nueva Visión, 1973.

Diseñar para un habitar: Heidegger desde el acontecer de la poesía

YESSICA VANESSA HEREDIA BEDOLLA

"Lo que significa la palabra origen es que algo brota, en un salto que funda, de la fuente de la esencia del ser."
Martin Heidegger [1]

La preocupación por dar solución a problemas concretos, lleva a los encargados de diseñar espacios para un habitar, y aún más a los estudiantes de arquitectura, a dejar de lado el interés por conocer la esencia del diseño y de la arquitectura. Esto conlleva a un conflicto del entendimiento de la naturaleza tanto del diseño como de la arquitectura, elude el verdadero conocimiento del quehacer del arquitecto y olvida que lo fundamental es conocer el *ser* para poder *hacer*.

Para entender la naturaleza del diseño es indispensable la renuncia al conocimiento previo y entregarse al conocimiento del "otro" [2]. En otras palabras, si un arquitecto pretende diseñar para un habitar que no es el suyo, tiene la responsabilidad de renunciar al conocimiento de su propio habitar y entregarse a la escénica del habitar desde un encuentro y praxis cotidiana de "el otro" según las costumbres, ritos y mitos de quien habita esos espacios.

Para tal fin, la observación del verdadero objetivo del espacio no es suficiente. Es necesario sentir, oler, percibir, tocar, en fin, darse el permiso de conocer para desmenuzar el objetivo del espacio. El arquitecto necesita dejar de considerar al espacio arquitectónico como un contenedor y relacionarlo con un mundo emocional, donde el espacio no es un todo, no es un límite físico, si no una unidad que se construye a partir del lugar, transformándolo y significándolo.

Para aproximarnos al diseño de un espacio habitable debemos conocer su origen, pues, según Martin Heidegger, "el origen de algo es la fuente de su esencia" [3]. Si este *algo* es lo que llamamos espacio habitable ¿cuál es su origen y esencia?

Heidegger describe que "el artista es el origen de la obra. La obra es el origen del artista. Ninguno es sin el otro. Sin embargo, ninguno de los dos es por sí solo el sostén del otro"[4]. Ambos elementos están separados pero unidos por un elemento: el arte. Por lo tanto, para diseñar un espacio habitable se requiere de la simbiosis entre el arquitecto y la obra construida. Esta simbiosis es posible gracias al diseño cuyo propósito es la unión del sujeto y el objeto a través del espacio, el cual fija la pauta que el arquitecto seguirá al momento de diseñar.

Para lograr un diseño habitable, es necesario conocer algunos conceptos relacionados a éste [5]:

- El diseño no define estrategias sociales y culturales.
- El diseño es una fase de un proceso productivo complejo en el cual intervienen factores condicionantes. Tal fase, carece por completo de autonomía programática.
- El diseño no tiene capacidad de decisión sobre el sentido y finalidad de sus productos.
- El diseño se encuentra condicionado.
- El diseño tiene como insumo a la tecnología.
- El diseño en ocasiones puede decidir un modo de incidencia sobre las tendencias estéticas o el medio ambiente.
- El diseño, simplemente, escoge el referente estético, o incluso crea el lenguaje formal pertinente.
- El diseño, si se le solicita, puede colaborar en tareas preventivas, proteccionistas y superadoras.
- El diseño como empleado de las fuerzas sociales del poder económico que han desarrollado los medios tecnológicos.
- El diseño es un trabajo cualificador de la producción.
- El diseño es encargado y consumido por la responsabilidad de las sociedades.
- El diseño no es una novedad.
- No se deben considerar como diseño las tendencias culturales, manifiestos ideológicos, éticas del consumo ni utopías estéticas.

Reconociendo lo anterior sobre el diseño, tratemos ahora de dilucidar cómo se diseña el espacio, identificando la esencia desde la cual proceden las experiencias en la realidad cotidiana [6] y partiendo del entendimiento de que el diseño de un espacio es parte la concepción, planificación y acción humana.

Pero ¿cómo es el espacio? ¿Qué es el espacio? Algunas dicciones del espacio son: "Extensión que contiene toda la materia existente parte del espacio ocupada por cada objeto material; espacio exterior; capacidad de un lugar; distancia entre dos cuerpos". [7] A estas definiciones, podemos agregar las de Heidegger, para quien el espacio está: ocupado por un cuerpo compuesto por diferentes materiales que se configuran de distintas maneras; está en un volumen (cerrado, perforado o vacío); es enigmático (existe confrontación entre el cuerpo y el mismo espacio) es susceptible a la dominación; es espacio compartido y un espacio en el que se presenta un comportamiento y trato que forma parte del mundo circundante. Aunado a lo anterior, Heidegger agrega que "si el sometimiento del espacio en el que nos encontramos inmersos, fuera una posibilidad de revelación de lo habitable, está revelación, sería el desafío, la rivalidad y lo opuesto ante lo ya edificable. [8]

El espacio puede ser conocido por todos. El espacio habitable puede encontrarse en la ciudad, en parques, en oficinas y en casas. Éste existe al igual que las cosas. Ahora bien, para entender el espacio, podríamos analizarlo como cosa, lo que en términos heideggerianos se denomina *lo cósico*. [9]

En el espacio, lo cósico podría ser todo aquello que se desprende de sí mismo previo a ser diseñado y que puede arrojar conocimiento de sus características y sus propiedades, apoyando la resolución figurativa de un diseño arquitectónico [10] bien estructurado. Es en el espacio diseñado donde se reúnen todas las propiedades premeditadas e inesperadas por el arquitecto. [11]

La interpretación del espacio hecha por el arquitecto, convierte al espacio en otra cosa que no es, lo reinterpreta y le facilita al arquitecto el ejercicio del diseño al dejar que las propiedades del espacio fluyan libremente, mostrándose "lo cósico" del espacio, su esencia, sin agredir al lugar, tal como dice Heidegger: "hay que dejar tranquila a la cosa misma en su descansar en sí" [12].

Las determinaciones espaciales que el arquitecto refleja en el diseño son producto de una interpretación del "ser del ente" del espacio, es decir, tratan de expresar lo que existe o puede llegar a existir. El producto del diseño arquitectónico resulta de la confección que el arquitecto realiza al interpretar el espacio con sus propiedades y totalidades.

La inequívoca muestra de que la esencia del espacio es una expresión difícil, es la mala interpretación de los antecedentes culturales, que al mismo tiempo distorsionan su utilidad [13]. Para comprender la esencia de un diseño es indispensable identificar la esencia desde la cual proceden las experiencias en la realidad cotidiana. [14]

Lo anterior puede verse reflejado en el siguiente ejemplo: el bello pueblo de Sayulita. Localizado en la Bahía de Banderas en Nayarit en las costas del Océano Pacífico de México, arrastra consigo el origen de "lo cósico", lo característico del pueblo puede confundirse por su playa y lo atractivo que les resulta a los turistas sus zona para surfear, pero atrás de él hay algo más que no se ve: el pueblo en sí, las montañas, la arquitectura peculiar que se conserva en su mayoría. Los visitantes hacen este útil del pueblo y resguardan sus paisajes. Estos paisajes le confieren al pueblo su esencia, el cual se fundó allí para iniciar su característica producción coquera.

Lo útil de un espacio arquitectónico existe cuando éste se vuelve significativo para la existencia humana, como en el caso de del pueblo Sayulita, y en esta significación acontece la verdad y esencia heideggeriana del espacio. [15]

El camino de la verdadera esencia del espacio habitable no va desde el espacio hacia el diseño, si no del diseño al espacio.

El espacio habitable, como en el pueblo de Sayulita, es una resonancia del habitante donde éste se mira a sí mismo, guarda sus recuerdos y experiencias. La arquitectura, conformadora de espacios, en este sentido revela el "ser del ente" que la habita.

La posibilidad de que esto acontezca es en parte responsablidad y deber del arquitecto, quien, si entiende la importancia del espacio habitable, podrá interpretar de manera adecuada la cultura y el contexto de los habitantes y la obra resultante será un objeto permanente, resignificado constantemente. Esto lo podemos verificar nuevamente en palabras de Hiedegger: "Las obras pasadas que están frente a nosotros (…) ya no son lo que eran (…) están frente a nosotros, por ser las pasadas, en el reino de la tradición y la conservación". [16]

La obra arquitectónica construye y congrega un conjunto de actividades y experiencias durante la ocupación del espacio por sus habitantes. Estas experiencias se enriquecen no solamente con la volumetría de la obra, son, además, enriquecidas "con lo que aportan las sensaciones de color, sonido, aspereza, dureza, a la vista, la audición, el tacto, las cosas nos atacan literalmente al cuerpo, lo perceptible en los sentidos por medio de las sensaciones"[17]

La obra que diseñan los arquitectos establece un mundo, lo que exige conocimiento de "lo cósico" y "lo útil"; y, al tiempo que se establece, ejecuta "la hechura" de la tierra y de la ciudad. Esta obra, en sí mimsa, es nada, pero cuando se ponen en operación las actividades humanas [18] se habita, y en este habitar se encuentra la esencia del ente que se desoculta como un acontecimiento. [19]

La arquitectura es, en este sentido, complicada, pues es una disciplina a la cual se adhieren muchas condicionantes que, de alguna u otra manera, limitan su campo de acción, como las condiciones políticas, económicas, sociales e históricas, aspectos funcionales, tecnológicos y estéticos. Todas estas amarras en ocasiones impiden al aquitecto entender el lenguaje del espacio quien escucha más un lenguaje externo confuso e incoherente.

Si quisiéramos encontrar lo que de origen es la arquitectura, tendríamos que cavar un sinfín de ideologías, mitologías y creencias, pero si tomamos como base lo que nos dice el filósofo Heidegger que "el origen es la fuente de la esencia" [20] de las cosas y, como hemos descrito, la esencia de la arquitectura se da en el espacio que logra una comunión entre arquitectura y habitante, entonces, como una primera propuesta, podemos decir que el origen de la arquitectura se encuentra en esta cualidad del espacio que permite que se devele una verdad (el reconocimiento del habitante en el espacio) y que se instaure [21] algo que antes no exsitía (el reconocimiento del habitante como mortal).

De lo anterior podríamos dar algunos ejemplos, como Teotihuacán, la casa Gilardi o la biblioteca Virgilio Barco. Cada una de estas obras instauraron una verdad [22] cuya esencia se percibe más allá de los sentidos: "Saber significa haber visto en el amplio sentido de ver, es decir, percibir lo presente en cuanto tal" [23]

Para lograr develar una verdad en el espacio, es indispensable conocer la esencia del habitante, sea individual o colectivo, al cual se destinará el habitar que se diseña. Si el proceso de diseño de una obra arquitectónica no parte del conocimiento de una esencia habitable que quiere manifestarse, la resultante será un producto inmobiliario subordinado a intereses ya establecidos.

En el diseñar, el objetivo del arquitecto no es mostrar la obra arquitectónica como un gran logro personal, si no mostrar la libertad con la que el edificio puede llegar a *ser* (es decir, que no sea solamente un edificio, sino realmente un contenedor de *esencias*) y, con ello, establecer una comarca [24] que pueda transformase con el tiempo y donde los habitantes se apropien de ella a cada instante.

La materialización del diseño permite que la obra arquitectónica sea contemplada y que el espacio habitable, que en el proceso de diseño fue previamente pensado y habitado imaginariamente, acontezca. "Dejar que una obra sea obra es lo que llamamos contemplación de la obra". [25]

La obra construida que logra un acontecer del espacio habitable puede llegar a tener poesía: "todo arte es como dejar acontecer el advenimiento de la verdad del ente en cuanto tal y, por lo mismo, es en esencia Poesía". [26] Esta poesía trasciende la realidad física y con su lenguaje instaura mundos y se manifiesta "El manifestarse es, como este ser de la verdad en la obra y como obra, la belleza" [27]

Los muros, vanos, volúmenes, luces, texturas y colores, que crean recorridos en las iglesias góticas, por ejemplo, muestran la capacidad de poetizar un espacio desde el proceso de diseño, es una arquitectura que crea una poética del habitar. En ellas se sigue *instaurando* a lo largo del tiempo, y el espacio transciende sus dimensiones físicas para albergar a sus creyentes: "Instaurar como ofrendar, instaurar como fundar e instaurar como comenzar" [28]

La poesía se vincula con la verdad y la esencia de la vida. "Todo arte en esencia es Poesía", pero la Poesía no es ningún imaginar que fantasea al capricho, ni es un flotar de la imaginación en lo irreal. [29] La esencia de habitar poéticamente, se puede entender tal y como Heidegger lo hace al interpretar la poesía de Hölderlin, cuando obtiene cinco palabras guía extraídas del análisis de la obra de este artista. Este análisis lo podemos trasladar a nuestro referente del campo de diseño arquitectónico: el manejo adecuado de poetizar un espacio, el lenguaje que se utiliza, el diálogo que se produce, lo que se instaura, las formas de habitar y la relación entre ellas. Al unirlas, se llega a mostrar la esencia de habitar poéticamente.

Las casas-habitación construidas en serie son un claro ejemplo de la ausencia de la esencia de un habitar ¿cómo puede ser posible que un modelo de casa predispuesta por constructoras subordinadas por la economía, puedan transmitir un habitar para grupos sociales y culturas diferentes?, ¿que no lo particular es siempre lo diferente para que pueda ser esencial?

El manejo adecuado de poetizar "la más inocente de todas las ocupaciones" [30] puede, en un comienzo, ser el ingreso al juego a inventar un mundo de imágenes. La poesía es como un sueño, un ejercicio recreativo de palabras.

La casa de estudio de Luis Barragán es un ejemplo de lo anterior, es un lugar que conduce a la acción del juego de palabras bien planeadas y pensadas en cada detalle. Sus matices, recorridos, luces, colores y objetos accionan a un juego que comunica la pureza esencial del lugar. Esta comunicación se realiza a través del lenguaje arquitectónico. El lenguaje "el más peligroso de los bienes", [31] es la segunda palabra guía que ha sido dado al hombre para que muestre lo que es y muestre mundos que se pueden abrir o destruir con él. Nuestro lenguaje como arquitectos abre o destruye mundos, muestra quiénes somos, a quién estamos subordinados o qué lucha estamos dispuestos a emprender para desocultar una verdad.

Barragán desoculta una verdad. Pensó un lenguaje adecuado desde la prefiguración del lugar; el resultado representa mensajes bien dirigidos para un habitar que en ningún momento se distorsionan. El habitar de la casa estudio habla por sí solo, "El ser del hombre se funda en el habla; pero este acontece primero en el diálogo" [32] Creó una comarca que permanece y es por ello que se puede transformar a lo que viene y a lo que va, develándose en el presente, el pasado y el futuro. Aquí se muestra la tercera palabra, el diálogo. El arquitecto dialoga con el diseño, luego con la obra, luego con el espacio. Lo que el arquitecto codifica en un diálogo se encuentra en un tiempo. [33] El diálogo revela significados que visualiza de diferentes maneras en su ser y tiempo.

La cuarta palabra es la instauración del poeta, del arquitecto. Heidegger dice que "La poesía es instauración del ser con la palabra." [34] El lenguaje instaura lo permanente, sin embargo, la poesía no solo instaura sino que logra transcender lo físico y deja que la imaginación la construya.

Finalmente, habitar poéticamente significa "estar en la presencia de los dioses y ser tocado por la esencia cercana de las cosas." [35] Para el desarrollo del proceso de diseño es necesario contemplar las cualidades necesarias para albergar al habitador lo que libera la poesía en la arquitectura.

Los arquitectos podrían actuar como los poetas y transmitir signos desde el objeto arquitectónico. Diseñar para un habitar poético implica un "poner en operación la verdad del ente": la experiencia-espacio-personalidad. Está la desocultación de una verdad espacial.

Diseñar un espacio para un habitar no es un procedimiento que resulta de una receta, es un proceso que implica un conocimiento del origen, de la esencia, del develar y del instaurar espacios, tiempos, pertenencias; exige el entendimiento del habitante y de su manera de ser en la vida. Un edificio habitable suscita y emite armonía, ritmo, sublimidad, es decir, poesía. Si llamamos a la casa poema y al habitar poesía podremos entender esto como lo entiende Octavio Paz: "el poema no es una forma literaria sino el lugar de encuentro entre la poesía y el hombre. Poema es un organismo verbal que contiene, suscita o emite poesía."[36]. Lo que en la producción de los objetos arquitectónicos significa plantear al diseño como una técnica secuencial e irrepetible, como respuesta a los problemas espaciales que se presentan. Las técnicas no son recetas sino intenciones que solo sirven a su creador. [37]

El diseño arquitectónico para un habitar está provisto de significados. Siempre se diseña para "un ir hacia", hacia la instauración de un mundo lleno de experiencias e instantes poéticos que se reflejan y marcan en el habitante. "El silencio mismo está poblado de signos. Así, la disposición de los edificios y sus proporciones obedece a una cierta intención." [38] Si bien, la técnica edilicia es procedimiento y vale en la medida de eficacia, se perfecciona o se degrada pero en el caso de la "técnica poética" no es transmisible ni repetible y se agota así misma en cada obra de arte. Y si el arquitecto tiene como punto de partida su herencia, memoria, comunidad histórica siempre aspira a trascenderla. [39]

La poesía en la arquitectura acontece desde el proceso de diseño arquitectónico que está en operación para que acontezca la verdad, porque ahí se revela lo oculto y el arquitecto ayuda a desentrañarlo con el acto creativo. Es en el espacio donde la verdad se revela cuando éste es habitable y, al mismo tiempo, descubre la esencia al habitador quien podrá percibir más allá de sus sentidos. Esto permite instaurar un mundo nuevo y amplía lo significativo del ser humano. La responsable de todo esto es la poética cuando ésta es considerada desde el diseño, se mantiene en la obra arquitectónica y, finalmente, cuando se manifiesta en el habitar del ser humano.

Notas
1. HEIDEGGER, M. (1952). Arte y Poesía, Trad. Samuel Ramos, 2da edición, México: FCE, 1973. Pp.101
2. HEIDEGGER, M. (2007). El arte y el espacio. (J. A. Escuero, Trad.) Barcelona: Herder. Pág. 41
3. Ibídem, Pág. 17
4. Heidegger, M. (1952). Arte y Poesía, Trad. Samuel Ramos, 2da edición, México: FCE, 1973. p. 35
5. Ver Norberto Chaves "El diseño ¿herramienta de futuro?" en *El oficio del diseñador. Propuesta a la conciencia crítica de los que comienzan.*
6. Heidegger, M. (1952). Arte y Poesía, Trad. Samuel Ramos, 2da edición, México: FCE, 1973. p. 35
7. Real Academia Española. Diccionario de la lengua española, España: 300a ed., 2016. Recuperado de http://dle.rae.es/?id=3q9w3lk, (08 de septiembre del 2016).
8. HEIDEGGER, M. (2007). El arte y el espacio. (J. A. Escuero, Trad.) Barcelona: Herder. Pág. 15
9. Lo cósico. Concepto que Heidegger para llamar lo que tiene de cosa la cosa. En Arte y poesía pp.37
10. Diseño arquitectónico como concepción, planificación y acción humana que tiene como objetivo crear espacios habitables para el desarrollo de actividades humanas
11. Heidegger, M. (1952). Arte y Poesía, Trad. Samuel Ramos, 2da edición, México: FCE, 1973. p. 41
12. Ibídem, Pág. 44
13. Ibídem, Pág. 51
14. Ibídem, Pág. 35
15. Ibídem, Pág. 55
16. Ibídem, Pág. 59
17. Ibídem, Pág. 61
18. Ibídem, Pág. 44
19. [19]. Ibídem, Pág. 78
20. Ibídem, Pág. 80
21. Ibídem, Pág. 74
22. Ibídem, Pág. 35
23. Ibídem, Pág. 80
24. Ibídem, Pág. 80
25. Ibídem, Pág. 85
26. Ibídem, Pág. 88
27. Ibídem, Pág. 101
28. Ibídem, Pág. 104
29. Ibídem, Pág. 98

30. Ibídem, Pág. 97
31. Ibídem, Pág. 109
32. Ibídem, Pág. 108
33. Ibídem, Pág. 112
34. Ibídem, Pág. 116
35. Ibídem, Pág. 117
36. PAZ, Octavio. (1972). El arco y la lira (Tercera ed.). México: Fondo de Cultura Económica p. 14
37. Ibídem, Pág. 17
38. Ibídem
39. Ibídem

Bibliografía
CASSIRER, Ernst. (1947). *El mito del estado*. México: Fondo de Cultura Económica.
CHAVES, Norberto. (2001) "El diseño ¿herramienta de futuro?" y "Sobre ideales y satisfacciones profesionales" en *El oficio del diseñador. Propuesta a la conciencia crítica de los que comienzan,* Editorial Gustavo Gili Sl.: Barcelona, España pp. 59-70 y 101-113.
HEIDEGGER, M. (1952). *Arte y Poesía,* Trad. Samuel Ramos, 2da edición, México: FCE, 1973, p. 124.
HEIDEGGER, M. (2007). El arte y el espacio. (J. A. Escudero, Trad.) Barcelona: Herder
PAZ, Octavio. (1972). El arco y la lira (Tercera ed.). México: Fondo de Cultura Económica p. 14
Real Academia Española. (2016). Diccionario de la lengua española (300a ed.). Madrid, España: Autor
SÁNCHEZ, Adolfo, 1967, *Filosofía de la praxis*, Editorial Siglo xxi S.A. de C.V. 1ª Edición, México, D.F., 2003, pp. 532.

La magia de un templo urbano:
Biblioteca Pública Virgilio Barco

JORGE ANIBAL MANRIQUE PRIETO

a mi Padre

Se preguntará por qué ha tenido que caminar tanto desde que empezó a descender por la rampa que lo condujo al patio hundido hasta llegar al vestíbulo de este edificio. Ese recorrido de varios metros que usted acaba de hacer, corresponde al atrio de este edificio, bautizado "Biblioteca Pública Virgilio Barco".
Pero ¿qué significa atrio? Según el diccionario "Vocabulario arquitectónico ilustrado" este término significa "antesala o sala de entrada, que equivale a las grandes plazas o cuadrángulos limitados por los templos, en donde se llevan a cabo las ceremonias religiosas" [1]. Para fines de este ensayo se hablará entonces del atrio como antesala a la biblioteca, donde se lleva a cabo un ritual de acceso.

La historia de este edificio, y de su atrio, se empezó a escribir hace más de doce años. Nuestro país, Colombia, pasaba por un periodo de recesión económica y por el fuerte sometimiento de la guerra librada entre el estado (representado por las fuerzas militares) y los grupos al margen de la ley (guerrillas y carteles del narcotráfico).

Bogotá como centro político, administrativo y económico del país reflejaba esa realidad; cerca de cien mil personas al año llegaban a vivir en ella y muchas de ellas lo hacían como víctimas del desplazamiento forzado motivado por el conflicto armado [2]. Este fenómeno produjo el aumento de las cifras de desocupación en adultos y de desescolarización en menores, cifras que para una capital de más de seis millones de habitantes siempre habían sido muy altas.

Fue el pensamiento visionario del ex alcalde Antanas Mockus [3] el que ante semejante panorama permitió sembrar la semilla que más adelante desencadenaría una de las inversiones más grandes y nunca antes vistas del distrito capital en la educación de sus habitantes. En la administración de este personaje, que terminó antes de lo esperado, Bogotá con dinero prestado proyectó la reforma y la construcción de instituciones educativas y puso la mira en las dependencias encargadas de la cobertura y el acceso a la información académica y cultural de los bogotanos [4].

Sería en la administración de Enrique Peñalosa y gracias a los reveladores datos de una investigación encabezada por las doctoras Lina Espitaleta y Gloria Palomino, que se diagnosticaría el déficit del acceso a la información y el mal estado de algunas de las pocas bibliotecas que funcionaban en la ciudad. Ello motivó que el gobierno capitalino determinara como prioridad crear una red de bibliotecas públicas que cubriera la necesidad de información, ayudara a elevar la calidad de vida de la población e incentivara la construcción de identidad cultural en la ciudad. Ese proyecto se llamó Biblored. [5].

Como lo dijo el ex alcalde Enrique Peñalosa "Se dejaron de pavimentar algunas calles", pero a cambio se logró la construcción de tres "templos urbanos" generadores de cultura; las bibliotecas públicas: El Tunal, El Tintal y la Virgilio Barco. Cada una de ellas ubicada en el sitio más estratégico de distintas zonas de la ciudad con el objetivo de llegar a la mayor cantidad de personas que las necesitasen. Para el diseño de los tres proyectos se buscó, a criterio del alcalde y la administración de la ciudad, a los mejores arquitectos del país [6].

Bajo la visión inicial propuesta por el alcalde Peñalosa "La biblioteca como templo urbano", el arquitecto Rogelio Salmona, hombre creativo y comprometido con su oficio como motor de la cultura [7], aceptó el reto de diseñar el edificio que funcionaría en el futuro como la Biblioteca Pública Virgilio Barco. Biblioteca que potencialmente recibiría la mayor cantidad de visitantes [8] gracias a su ubicación privilegiada junto al parque metropolitano Simón Bolívar (el más importante de la ciudad), a su cercanía al centro histórico y a su accesibilidad por estar rodeada de algunas de las avenidas más importantes de la ciudad.

En el momento en que Rogelio Salmona asumió la responsabilidad de diseñar este proyecto poseía la madurez de más de cuarenta años dedicados al oficio del diseño de la arquitectura. Proyectos como las Torres del Parque, que sirven de fondo a la Plaza de Toros la Santa María en Bogotá; el Archivo General de la Nación, que ayudó a regenerar parte del barrio Santafé en el centro de Bogotá; la renovación del eje ambiental en la avenida Jiménez o el hoy emblemático edificio del Fondo de Cultura Económica de México, en pleno Centro Histórico de la ciudad; son tan sólo algunos de los proyectos diseñados por este personaje que ha logrado convertirse en un maestro imprescindible de la arquitectura contemporánea en Colombia [9].

Salmona consideraba el hecho de hacer arquitectura en nuestro país como un acto político. Cada trazo representaba para él la oportunidad de plasmar sus ideas en relación a la sociedad; la arquitectura para todos, apartada de las clases sociales, razas o niveles intelectuales; una arquitectura hecha con los materiales del lugar, con formas seductoras, pero a la vez evocadoras del paisaje circundante [10].

Este maestro siempre mostró ser un hombre coherente [11]; sus palabras y diseños fueron el fiel reflejo de su claridad de pensamiento, de su gran fuerza de voluntad y de la gran energía en la acción de su trabajo [12]. Entre los arquitectos, su fuerza espiritual lo hacía destacar, aun cuando él no quisiera vivir en la exhibición en la que se camuflajean muchos otros, para sentirse importantes o simplemente para llamar la atención [13].

Sobre todas las virtudes que poseía este líder de la arquitectura colombiana de los últimos tiempos, hay que destacar aquella que motiva que tanto usted como otros visitantes estén hoy en este lugar. Salmona también fue un hombre visionario [14]. Él además de diseñar un edificio que cumpliera con la necesidad de un espacio para albergar libros, proyectó una arquitectura que es capaz de generar emociones y sentimientos en cualquier persona que la quiera habitar; proyectó un templo perdurable para el conocimiento de los bogotanos.

La arquitectura de la Biblioteca Virgilio Barco estimula la sensibilidad en el visitante de disfrutar la buena lectura de un libro, de asistir a obras de teatro, exposiciones, conversatorios y demás actividades culturales, o de sencillamente apartarse del ruido de la ciudad para encontrar un momento íntimo con los cerros orientales de la sabana de Bogotá, que se pueden contemplar desde varios puntos de la cubierta transitable de este edificio.

El lenguaje de esta arquitectura propuesta por Salmona, nos habla de algo más, algo que es el resultado de aquella visión de la biblioteca como un "templo urbano". Además de dar la posibilidad a muchas personas de consultar libros, esta biblioteca tiene la ardua labor de tejer identidad entre todas y cada una de las personas que la visitan, entre los bogotanos y la naturaleza de sus cerros orientales, las tradiciones orales y, sobre todo, con la cultura colombiana.

Desde el momento en que Rogelio Salmona asumió la responsabilidad de diseñar este edificio, el concepto de la biblioteca como un "templo urbano" que fomenta en los habitantes de la ciudad la búsqueda del conocimiento y la cultura, fue la directriz que forjó el carácter de cada uno de sus componentes espaciales; comenzando por su acceso monumental a un templo de la cultura y terminando en sus terrazas con volúmenes fugados hacia el cielo que evocan esa aspiración al conocimiento. [15]

Es clara la necesidad que suscitó la construcción del proyecto: el habitante ávido del conocimiento intelectual, de conocer su cultura, de fortalecer sus valores y de soñar con nuevos horizontes. Esto fue lo que el arquitecto contempló como explorador de los espacios de este edificio [16].

Espacios que revelan también la reflexión profunda en la que se sumergió Salmona en busca de las formas espaciales y funcionales más apropiadas que le enseñaron su experiencia y las arquitecturas del pasado [17], donde la luz manifiesta su naturaleza, el agua corre libremente y la naturaleza vegetal permite que el hombre imprima su huella, a través del hecho construido de este edificio.

El edificio funciona muy bien, pues más que una biblioteca es un centro cultural. En ella se encuentran varios auditorios (cubiertos y al aire libre), salas de exposición, ludotecas, aulas teóricas, cafeterías y oficinas. Espacios que son usados por muchas instituciones públicas y privadas para el desarrollo de eventos que van desde talleres de manualidades hasta presentaciones teatrales de festivales internacionales [18].

El circular, transitar o deambular por el edificio es uno de los puntos del diseño arquitectónico en los que el arquitecto fijó con mayor detalle su atención. El esquema se puede simplificar así: Salmona generó volumetrías definidas para cada una de las funciones que alberga el edificio y esas volumetrías se articulan por un espacio intersticial que permite el movimiento entre ellas. La circulación por la biblioteca es libre, prácticamente se puede caminar desde el acceso hasta el último rincón de su cubierta transitable sin interferir en el funcionamiento de algunos de los espacios; pero disfrutando, eso sí, de acompañamientos que enriquecen la experiencia del recorrido [19].

Como se acaba de mencionar, los componentes espaciales poseen formas propias, las relaciones entre ellos están definidas por la articulación de los espacios de circulación. Desde el exterior la biblioteca se observa cómo la unión de varios volúmenes que logran la unidad por la armonía en que están dispuestos. Todos en conjunto dan una noción de horizontalidad, de apego a la tierra; con la excepción de algunos acentos en ciertos puntos donde volúmenes más altos e inclinados parecen ser brazos abiertos hacia el cielo. La jerarquía de los componentes espaciales es clara tanto en el interior como desde el exterior del edificio; el volumen semicircular que alberga las estanterías y las salas de lectura de la biblioteca es el de mayor jerarquía, seguido de los volúmenes de los auditorios y salas de exposición [20].

Es evidente también el uso, a otra escala, de componentes espaciales que el arquitecto ya había experimentado en otros edificios. Dependerá del criterio de cada quien decir que este proyecto entonces no refiere a su contexto, o al contrario, decir que se entiende éste como el resultado de exploraciones anteriores del autor, que han dado como resultado una riqueza espacial que motiva la apropiación de los ciudadanos sin apartarse del contexto que él mismo revalora [21].

La biblioteca está arraigada a su contexto, basta ver con qué fuerza se agarra de la topografía del lugar enterrándose en ella; cómo se orienta en dirección Norte-Sur para que la luz del sol no interfiera directamente en las salas de lectura o cómo la mayoría de los espacios están diseñanos para que se pueda tener una relación visual directa con los cerros orientales de la sabana de Bogotá, que desde la perspectiva de esta obra (enterrada) parecen vírgenes, sin la perturbación de una ciudad que ha quedado escondida tras los taludes de tierra que rodean el edificio. La sabana de Bogotá le ha regalado a este edificio los materiales constructivos tradicionales: el ladrillo, el concreto y la madera son en esencia los que permiten que esta bella obra se materialice. Todos ellos con su expresividad natural son sinónimo de la voluntad artística de la cultura bogotana, que despliega la creatividad de este tiempo con las tecnologías milenarias [22].

Los muros dobles o triples que le dan peso a la composición, o las ventanas circulares trabajando a compresión manifiestan la verdad sobre el ladrillo. Los puentes, rampas, columnas y vigas de grandes dimensiones dan testimonio de la plasticidad del concreto. La elegancia y la calidez de las salas de lectura, salas de exposición, auditorios y oficinas, no son más que el aporte de la nobleza de la madera [23]. Todos y cada uno de los espacios de este edificio fueron pensados como lugares: el atrio de acceso como una antesala ceremonial, las ventanas cuadradas y profundas como nichos para contemplar el exterior, los espacios intersticiales para caminar o detenerse a platicar, los antepechos de la cubierta como sillas para descansar o las cubiertas como plataformas para encontrarse con uno mismo o con la belleza natural que rodea la ciudad. Pero ¿por qué llamarlos lugares?

El filósofo Martin Heidegger en su ensayo "Construir, habitar, pensar" plantea que los lugares son aquellos espacios que permiten el habitar de los seres humanos. El habitar él lo relaciona con el construir en su sentido de cuidar; a éste le adiciona el concepto de la cuaternidad, que él emplea para expresar la relación entre el cielo, la tierra, los mortales y la divinidad. Así el habitar para este pensador es cuidar la cuaternidad: "El lugar avía la Cuaternidad en un doble sentido. El lugar admite a la Cuaternidad e instala a la Cuaternidad. Ambos, es decir, aviar como admitir y aviar como instalar se pertenecen el uno al otro. Como tal doble aviar, el lugar es un cobijo de la Cuaternidad o, como dice la misma palabra, un Huis, una casa. Las cosas del tipo de estos lugares dan casa a la residencia del hombre" [24].

Los lugares para Heidegger son fronteras, no como limites sino como espacios intermedios, entre el ser humano (los mortales) y la Cuaternidad. Esos lugares están construidos con materiales, a los que el pensador les asigna el nombre de cosas. Las cosas se diferencian de los objetos en que les respetamos su esencia, sus cualidades como ente, algo que Rogelio Salmona, por lo que se ha comentado en este ensayo y la evidencia de su obra, tuvo siempre presente, al dejar que la materialidad de sus edificios se expresará en su esencia propia.

Pero desde la biblioteca ¿cómo se instaura ese cuidar de la Cuaternidad? Dice el filósofo "los mortales habitan en la medida en que salvan la tierra (…) Salvar significa propiamente: franquearle a algo la entrada a su propia esencia." [25] La biblioteca pone al habitante en contacto con la tierra cuando en su acceso éste desciende por una rampa que lo conduce a un patio hundido, lugar que lo acoge dentro de la madre tierra; o cuando unos pasos más adelante escucha el sonido del agua cayendo por el estanque escalonado que antecede el vestíbulo del edificio.

Se está junto a la tierra cuando el edificio deja que la vegetación lo invada, lo aferre al terreno donde se ha incrustado con la intensión de no desprenderse nunca más. También el habitante entra en contacto con los cerros orientales de la sabana de Bogotá por medio de una serie de trucos que esconden la ciudad y permiten que estos, el patrimonio natural de los bogotanos, se vean en su esencia, como si fueran vírgenes, como si no estuvieran en peligro de ser sepultados por la depredadora urbe. "Los mortales habitan en la medida en que reciben el cielo como cielo" [26]. La arquitectura de la Virgilio permite esa relación también a través de esos patios de acceso, cuando los muros perimetrales elevan la mirada del observador para que disfrute de la grandeza del cielo. Salmona, retomando las palabras de una amiga suya, decía que "El patio es un tímpano del lugar, -un aljibe del cielo como diría María Zambrano-". [27] Los volúmenes mismos de la biblioteca abiertos al cielo, revelan su aspiración de alcanzarlo.

En el interior el arquitecto deja ventanas que dirigen la mirada a las alturas, que permiten ver el movimiento de las nubes o que sencillamente dejan entrar los rayos del sol. En las cubiertas parece que se estuviera tan sólo a un paso de estar en el cielo; las plataformas inclinadas que corresponden a los tragaluces de los auditorios y la sala principal de la biblioteca parecen trampolines para ascender a las alturas; formas de color naranja que contrastan con el azul intenso del cielo bogotano, en los momentos en que el tiempo, o por qué no decirlo, la divinidad lo permite. "Los mortales habitan en la medida en que conducen su esencia propia -ser capaces de la muerte como muerte-" [28], esto no es más que la posibilidad de que los habitantes puedan vivir plenamente; que vivan y habiten siendo ellos en su libertad para que puedan tener una buena muerte. Toda la biblioteca es un lugar para los mortales; en los patios, salas de lectura, auditorios, salas de exposiciones o en la cafetería tienen la posibilidad de encontrarse con otros mortales, de relacionarse. Sin embargo, también, si así lo quieren, se pueden encontrar consigo mismo en lo que Bachelard llamó rincones [29] y Salmona convirtió en parte del lenguaje de su arquitectura.

Los rincones están en las ventanas profundas de las salas de lectura, en los antepechos que se ensanchan en las cubiertas y algunas circulaciones, para permitir algunas estancias largas o cortas, pero en definitiva íntimas. También hay rincones en la cubierta transitable, entre los volúmenes que desde una vista lejana aparecen como remate del edificio. El edificio permite que quien lo habite en búsqueda de un espacio para leer lo pueda hacer plácidamente; que quien tan sólo quiera usarlo como marco para observar el paisaje y la naturaleza circundantes también lo pueda hacer; que los niños tengan su espacio propio, a su escala; o que los discapacitados puedan recorrer sin obstáculos todas la estancias de esta bella obra. La biblioteca fomenta la libertad en el habitante; inclusive la libertad del cuerpo, de los sentidos. Salmona desde el diseño busca la potencialidad que la arquitectura tiene de agudizar la experiencia de los sentidos; de esta manera, los patios además de la estimulación de la vista estimulan el olfato con jardines de plantas aromáticas y estimulan el oído con silencios profundos o con el refrescante sonido del agua transitando libremente por el espacio. [30] El equilibrio también se pone a prueba con los constantes cambios de nivel, en busca de que el habitante esté siempre alerta de cada paso y por ende de cada espacio que va a transitar.

Por otra parte comenta Heidegger: "Los mortales habitan en la medida en que esperan a los divinos como divinos. Esperando les sostienen lo inesperado yendo al encuentro de ellos; esperan las señales de su advenimiento y no desconocen los signos de su ausencia." [31] El ser humano que habita en la Virgilio Barco es alguien que aspira a crecer cultural e intelectualmente; que aspira a recibir la revelación de la sabiduría que puede emerger del conocimiento que albergan los libros dentro de ella. La sala principal se puede considerar como un lugar sagrado, donde el arquitecto se propuso trabajar la luz como un material adicional que fortalece el carácter de la arquitectura.

La luz que se aprovecha es la luz norte (la más conveniente en Bogotá para un tipo de exigencia como ésta) y existen tres estratos de penetración de la misma dentro de la sala: un primer estrato a través de las ventanas que enmarcan el paisaje y que están a la altura promedio del ojo humano. Un segundo estrato que entra por los ventanales del segundo nivel de la sala; y un tercer estrato donde los tragaluces en concreto color arena reflejan la luz incrementando su luminosidad que baña la totalidad del espacio, atrayendo la mirada del habitante; haciéndole sentir por un momento la presencia de la divinidad.

El agua también puede interpretarse como la presencia de la divinidad dentro de la biblioteca. Para los muiscas (antigua cultura prehispánica de la sabana de Bogotá) el agua era un regalo de la divinidad, por medio de cual La Madre Tierra era fecundada para que diera sus frutos, dentro de esos frutos estaban los hombres. Por eso no es extraño ver la majestuosidad con la que el agua hace presencia en el patio de acceso a la biblioteca, cómo, a través del escalonamiento, Salmona logra que se escuche su tranquilo correr, como si descendiese de las alturas divinas para llenarnos de vida; como un regalo de la divinidad.

Hasta este punto se puede afirmar entonces que la biblioteca Virgilio Barco fue concebida como un lugar, dentro del cual se suscitan otros lugares. Estos lugares permiten que el habitante experimente la relación entre cielo, tierra, mortales y divinidad, como muchas veces en la cotidianidad no lo hace. La arquitectura de la Virgilio Barco permite que el habitante se vuelva consciente de la belleza de un ladrillo o de la misma arquitectura, pero también de la naturaleza y del paisaje que le rodean. Se puede decir que la biblioteca abre los ojos del habitante a la realidad, a la verdad de la tierra y del mundo que a su vez le permiten existir. Para Heidegger esta es la desocultación de la verdad que tiene lugar en la obra de arte [32]. La biblioteca Virgilio Barco es entonces una obra de arte. Esto convierte a Salmona en un artista y usted, que ya conoce más de lo que pensaba de este edifico, tiene el privilegio de ser el contemplador de esa obra de arte [33].

Heidegger planteó que la obra de arte desoculta las verdades antes descritas, y estas verdades están presentes en la biblioteca; pero echó mano a la poesía para explicar otra parte de la verdad que revela la obra de arte y de la cual se han dado algunos indicios hablando de este edificio diseñado por Salmona. La obra de arte desoculta la verdad; el arte es la verdad; todo arte en esencia es poesía, por ende, la poesía es la verdad [34]. Pero ¿de qué verdad se habla? El filósofo parece descífrarlo en los apartes finales de su ensayo "Hölderlin y la esencia de la poesía", cuando explica que la poesía, entendida como arte, revela cosas que están guardadas en lo profundo del ser, tanto de aquel que hace la obra, como de aquellos que la contemplan, en el caso de la poesía de quienes la leen. Comenta que la verdad está presente en ellos como miembros de un pueblo histórico y que ello mismo los lleva a compartir el origen de su identidad. La manifestación de ese origen es la máxima verdad que está oculta en la obra de arte, en el caso que compete a este escrito, es la verdad que está oculta en la arquitectura de la biblioteca pública Virgilio Barco. [36]

La verdad que revela la arquitectura de este edificio, y que permite tan notoria apropiación por parte de sus habitantes, es el origen del pueblo que la habita; es la revelación de sus mitos que explican su origen; de aquellas narraciones que por centenares de años han estado con ellos guardadas en su memoria colectiva o, en términos de Freud, en el inconsciente colectivo [37]. La representación de los mitos se manifiesta a través de actos sagrados, ceremonias o ritos; estos necesariamente tienen lugar en espacios. Esta es la razón para que en la arquitectura de la biblioteca se haya invertido tanto esfuerzo en la creación de espacios sin ninguna razón funcional (lógica) aparente, pero que sin duda tienen otra pretensión, que es darle lugar a los mitos a través de los ritos que conmueven el alma de sus habitantes.

Usted ahora podrá entender por qué en el trascurso de este ensayo se recurrió muchas veces a mencionar, con cierto tono nostálgico o idílico, las características de algunos de los componentes espaciales del edificio que sin duda están cargados de esa poética que el arquitecto quiso plasmar en ellos, para que hoy el habitante, usted, se sumerja en la verdad, en el origen de su vida y renueve sus fuerzas para seguir adelante en la búsqueda de la plenitud de su ser.

Para terminar, retomemos el atrio de acceso. Ese recorrido de más de cien metros fue diseñado para que la arquitectura mediante las variaciones del comportamiento físico estimule los sentidos del habitante [38]. Lo que propuso Salmona a través de las variaciones del nivel del terreno, además de estimular los sentidos, es motivar un cambio del estado anímico y afectivo del habitante. Si se analiza bien, la persona que termina de ascender junto al estanque escalonado no es la misma persona o no se siente anímicamente igual, como cuando empezó a descender por la primera rampa. Descender por la rampa relaja el cuerpo, disminuye el esfuerzo físico. Caminar por el patio hundido permite que el oído se aísle del ruido exterior y los ojos se priven de cualquier contaminación visual. Finalmente, ascender junto al estanque escalonado vuelve a requerir un esfuerzo físico que se contrarresta con la sensación relajante de escuchar el agua cayendo libremente, como queriendo dar un grato saludo de bienvenida al recinto que alberga la biblioteca.

El usuario de este edificio, metafóricamente ha realizado un acto sagrado. Ha muerto para el afán y el caos de la ciudad (descendiendo por la rampa), ha purificado su ser sumergiéndose en el interior de la madre tierra y volviendo a ser uno con ella (en el patio hundido) y finalmente ha emergido con la fuerza de la vida representada por el movimiento y el sonido del agua (en el patio escalonado) [39]. El atrio de la biblioteca sumerge al visitante en un ritual de purificación; ha pasado de un estado a otro estado distinto pero mejor; sus sentidos han sido estimulados para estar más atentos de lo que va a suceder en el interior de la biblioteca; y su alma se ha sensibilizado para bañarse de la luz que brinda el conocimiento [40].

Este edificio es, pues, un templo que alberga la luz del conocimiento que reposa en los libros. Lo que fue hace algún tiempo un imaginario colectivo, hoy se vuelve realidad. No en vano después de diez años de haber abierto sus puertas al público, la biblioteca recibe a más de veinte mil personas a la semana que la ven como un símbolo de identidad, de la identidad bogotana. La biblioteca Virgilio barco fue declarada Patrimonio Nacional de la República de Colombia en el año 2007 [41]; logro obtenido por estar construida con materiales que van más allá del ladrillo, el concreto, la madera o el vidrio; la biblioteca pública Virgilio Barco está construida con las costumbres, la humildad, la calidez, la pujanza, el respeto, la sinceridad y entre muchas otras virtudes, el anhelo y la esperanza de crecer intelectual y culturalmente, dejando atrás el abrupto pasado, de los cerca de cuarenta millones de buenos colombianos que somos hoy.

Notas
1. Secretaría de Asentamientos Humanos y Obras Públicas; Vocabulario arquitectónico Ilustrado; México, 1980, p. 50.
2. Secretaría de Educación de Bogotá, Colombia. Bogotá y Biblored: la ciudad y las bibliotecas. Recuperado de http://www.ldelectura.com/numero-2/79-referencias/162-bogota-y-biblored-la-ciudad-y-las-bibliotecas.html
3. Recuperado de http://www.bogota-dc.com/varios/1900a.htm listado de alcaldes mayores de Bogotá.
4. Caballero, Ma. Cristina; "Biblored, Innovadora Red Colombiana de Bibliotecas", p. 5.
5. Caballero, op. cit., pp. 5, 6.
6. Caballero, op. cit., pp. 7,12.
7. Cassirer, Ernst, "El mito del estado", México: FCE, p. 259. "Lo que constituye el carácter del héroe según la teoría de Carlyle es la rara y feliz unión de todas las fuerzas creadoras y constructivas del hombre".
8. Caballero, María Cristina; "Biblored, Innovadora Red Colombiana de Bibliotecas", p.13.
9. Cassirer, Ernst, "El mito del estado", México: FCE, p. 263. "no podemos prescindir de Shakespeare. (…) Shakespeare no pasa, permanece siempre con nosotros", hablando de este escritor como un prototipo de héroe. Hoy también es inevitable prescindir de Rogelio Salmona Como maestro de la arquitectura colombiana.
10. Salmona, Rogelio, "Del principio de la incertidumbre a la incertidumbre del principio"; Conferencia dictada en la UNAM, Ciudad de México, 2004 y en la Universidad Central de Venezuela, Caracas, 2005.
11. Cassirer, op. cit., p. 256. La sinceridad, el no callar cuando se tiene que decir la verdad sobre ti mismo y sobre los demás.
12. Cassirer, op. cit., p. 257. Otras de las cualidades citadas por el autor para describir al Héroe.
13. Cassirer, op. cit., p. 255. "Gigante entre los hombres circundantes, por su fuerza material y espiritual" y hace parte de los "promotores de la cultura humana".
14. Cassirer, op. cit., p. 257. "el Visionario, cuyo pensamiento formulado en palabras despierta la soñolienta capacidad de todos para el pensamiento (…) el pensamiento si es profundo, sincero y autentico tiene la fuerza de hacer maravillas."
15. Hartmann, Nicolai, "Estética", México: UNAM, 1977. "En la mirada a una obra arquitectónica se expresa algo más que esta totalidad; deja aparecer una vida que está dentro de la construcción y de la que da testimonio", p. 249.
16. Hartmann, op. cit., p. 255. "Pertenece entonces evidentemente

a la experiencia de la vida en tales obras arquitectónicas, en su contemplación y utilización diarias, en la confianza que se le toma y en la creciente necesidad de hacer que lo habitado sea soportable y adecuado- para configurar en general formas que sean suficientes para un anhelo anímico superior, es decir, aquellas que expresan algo del ser anímico y de la postura interior de sus creadores".

17. Hartmann, op. cit., p. 251. "Quien no tiene experiencia en proyectos no alcanza a ver la plenitud de las posibilidades que siguen existiendo por lo común; y ante todo no tiene la intuición de que es posible alcanzar efectos espaciales relativamente importantes con escasos medios".
18. Hartmann, op. cit., p. 250. "Debe proponerse una tarea y justo en su solución debe mostrarse el arte".
19. Worringer, Wilhelm, "La esencia del gótico", México: FCE, 1997, p. 20. "Las continuas mutaciones de esa relación entre el hombre y las impresiones del mundo circundante, constituyen el punto de partida para toda psicología de gran envergadura".
20. Worringer, op. cit., p. 250, "Estratos de la arquitectura, Primer estrato Externo". "De veras orgánica, como construida desde dentro, solo puede ser una solución que parta por completo del aspecto práctico y elija después las posibilidades que este le permita desde el punto de vista de la forma estética".
21. Hartmann, op. cit., p. 254. "Estratos de la arquitectura, segundo estrato interno", a qué aspecto se le de preferencia es asunto del modo de vida predominante o también del gusto".
22. Hartmann, op. cit., p. 251. "No hay que pensar que no quede espacio de juego para a configuración espacial si se preocupa uno primero por el propósito práctico".
23. Worringer, op. cit., pp. 17, 19. (…) las crecientes relaciones entre los pueblos, han contribuido a imponer la exigencia de un criterio más objetivo para la evolución del arte y a ver una diversidad de voluntades artísticas donde antes no se veía sino una diversidad de capacidades." "(…) la historia de la voluntad artística vendrá a codearse, como igual, con la historia comparativa de los mitos, (…) las religiones, (…) la filosofía, (…) las instituciones del universo, esas grandes encrucijadas de la psicología de la humanidad."
24. Hartmann, op. cit., p. 251. "Ahora bien, todas las artes están ligadas a su materia y ligadas por ella, pero la materia de la arquitectura tiene un peso y una obstinación especiales (…) Por ello, depende también la composición espacial al límite de la composición dinámica."
25. Heidegger, Martín, "Construir, habitar, pensar", conferencias y artículos, Barcelona: SERBAL, 1994, p. 8.
26. Heidegger, op. cit., p. 4

27. Ídem.
28. Sociedad colombiana de arquitectos, "Rogelio Salmona: espacios abiertos / espacios colectivos", Bogotá, 2006, p. 36.
29. Heidegger, op. cit., p. 4
30. Bachelard, Gastón. "la poética del espacio", México: FCE, p. 171.
31. Sociedad colombiana de arquitectos, op. cit., p. 93. Al respecto dice Salmona: "La arquitectura -arte del espacio y del tiempo- y la creación urbana son labores que deben ser actualizadas permanentemente poniendo en juego todas las percepciones visuales, táctiles, sonoras, oloríficas, y así, contrarrestar la tendencia a hacer montajes de productos comerciales que no tienen, como algunos elementos industriales, la gracia de envejecer.
32. Heidegger, op. cit., p. 4
33. Heidegger, Martin, "Arte y poesía", México: FCE, 1992, p. 60. "La obra de arte abre a su modo el ser del ente. Esta apertura, es decir, el desentrañar la verdad del ente, acontece en la obra. En la obra de arte se ha puesto en operación la verdad del ente".
34. Heidegger, op. cit., p. 91. "La contemplación no aísla al hombre de sus vivencias, sino que las inserta en la pertenencia de la verdad que acontece en la obra, así funda el ser-uno-para-otro y el ser-uno-con-otro como el histórico soportar del existente (Dasein) por la relación con la no-ocultación".
35. Heidegger, op. cit., pp. 95-97. Explica el autor la correspondencia entre el arte y la poesía.
36. Heidegger, op. cit., pp. 121, 123. "La palabra poética solo es igualmente la interpretación de la . Así llama Hölderlin a las leyendas en las que un pueblo hace memoria de su presencia a los entes en totalidad. (…) Cuando el poeta queda consigo mismo en la suprema soledad de su destino, entonces elabora la verdad como representante verdadero de su pueblo".
37. Paz, Octavio, "El arco y la lira", México: FCE, 2006, p. 66. En el capítulo del ritmo comenta también sobre la relación de la poesía y el mito: "En el ser de la poesía una reproducción imitativa, si se entiende por esto que el poeta recrea arquetipos, en la acepción más antigua de la palabra: modelos, mitos. (…) Esa imitación es creación original: evocación, resurrección y recreación de algo que está en el origen de los tiempos y en el fondo de cada hombre, algo que se confunde con el tiempo mismo y con nosotros, y que siendo de todos es también único y singular. El ritmo poético es la actualización de ese pasado que es un futuro que es un presente: nosotros mismos. La frase poética es tiempo vivo, concreto: es ritmo, es tiempo original, perpetuamente recreándose".

38. Cassirer, op. cit., p. 37. Según Ribot "los estados o impulsos motores son primarios; y las manifestaciones afectivas son secundarias".
39. Cassirer, op. cit., p. 30. Cassirer afirma que "el lenguaje humano es metafórico en su esencia misma, está lleno de símbolos y analogías". En este ensayo esta frase se reformula de la siguiente manera: el lenguaje arquitectónico del atrio de la biblioteca Virgilio Barco está lleno de símiles y analogías.
40. Luz de esperanza; de cambio. Luz que aquellos hombres y mujeres visionarias vieron como la herramienta para borrar las huellas de la indiferencia y tejer de nuevo la identidad entre los ciudadanos, su ciudad y su país.
41. Recuperado de http://obra.fundacionrogeliosalmona.org/obra/proyecto/biblioteca-virgilio-barco/

Bibliografía
Bachelard, Gastón. "La poética del espacio", México: FCE, p. 171.
Cassirer, Ernst, "El mito del estado", México: FCE.
Hartmann, Nicolai, "Estética", México: UNAM, 1977
Heidegger, Martin, "Arte y poesía", México: Fondo de Cultura Económica, 1958.
_____, "Construir, habitar, pensar", conferencias y artículos, Barcelona: SERBAL, 1994.
Paz, Octavio, "El arco y la lira", México: FCE, 2006.
Recuperado de http://obra.fundacionrogeliosalmona.org/obra/proyecto/biblioteca-virgilio-barco/
Recuperado de http://www.bogota-dc.com/varios/1900a.htm listado de alcaldes mayores de Bogotá.
Salmona, Rogelio, "Del principio de la incertidumbre a la incertidumbre del principio"; conferencia dictada en la UNAM, Ciudad de México, 2004 y en la Universidad Central de Venezuela, Caracas, 2005.
Secretaría de Asentamientos Humanos y Obras Públicas; Vocabulario arquitectónico Ilustrado; México, 1980.
Secretaría de Educación de Bogotá, Colombia. Bogotá y Biblored: la ciudad y las bibliotecas. Recuperado de http://www.ldelectura.com/numero-2/79-referencias/162-bogota-y-biblored-la-ciudad-y-las-bibliotecas.html
Sociedad colombiana de arquitectos, "Rogelio Salmona: espacios abiertos / espacios colectivos", Bogotá, 2006. Worringer, Wilhelm, "La esencia del gótico", México: FCE, 1997.

138

Poetizar el diseño arquitectónico desentrañando la esencia del habitar

NANCY ROSSBELLI TRUJILLO LÓPEZ

¿Qué es hoy en día habitar un espacio? es conveniente profundizar en la comprensión de una manera holística de este experimentar, es decir, este habitar un espacio, pero referenciado a nuestro tiempo y contexto actual. Para alcanzar esta comprensión, es primordial conocer qué es el origen, el cual es explicado en palabras de Heidegger en su texto *"Arte y Poesía"* como "aquello de donde una cosa procede y por cuyo medio es lo qué es y cómo es" [1].

Sin embargo, es pertinente preguntar si en la actualidad nos detenemos un momento a reflexionar o concientizar sobre el origen de un espacio, de una obra arquitectónica o bien, sin pedir más a cambio, tan solo de una edificación.

Lamentablemente esta mirada profunda no se lleva a cabo por el habitante de un espacio, pero lo más preocupante es que en los profesionales del quehacer arquitectónico tampoco se hace presente esta práctica. Es por ello que en esta travesía es sumamente sugerente acercarnos a este "origen" y comprenderlo como la fuente de la esencia de la obra, sin embargo, ¿cómo es posible encontrar o desentrañar esta esencia?

Es cierto que esto no se deja ver a simple vista y en la cotidianeidad, es posible dar un primer acercamiento tal y como nos sugiere el autor a través de preguntarle a la propia obra real qué es y cómo es [2]. Y, al tener este primer contacto no es factible dejar de lado o considerar a la obra por sí sola, ya que ésta está íntimamente correlacionada con el artista, en nuestro caso con el arquitecto, con quien guarda una estrecha relación y reciprocidad, haciéndose evidente en las palabras de Heidegger: "El artista es el origen de la obra. La obra es el origen del artista. Ninguno es sin el otro. Ninguno de los dos es por sí solo el sostén del otro, pues el artista y la obra son cada uno en sí y en su recíproca relación" [3].

En esta reciprocidad existe una peculiar relación, ya que no puede existir uno sin el otro y tampoco es factible dar sustento uno sin mirar al otro, pero aún más importante ninguno sobresale o inhibe al otro, son los dos en una equivalencia atemporal. De este modo se trae a relucir el cuestionamiento del autor: ¿Hay obra y artista solo en la medida en que el arte existe como su origen? [4]. Debido a que la obra surge según la representación habitual y global de la actividad del artista, y a su vez y más importante dicha obra "hace conocer lo otro, revela lo otro" según Heidegger, es como podemos comprender la presencia de "el arte, asunto primordial y sin el cual ni obra ni artista podrían ser".

Ahora bien, la mirada profunda es asequible abordarla, tal y como Heidegger hace mención, "en su intacta realidad, sin prejuzgar, para que entonces se muestre que las obras son tan naturalmente existentes como las cosas" [5].

¿Las obras son tan naturalmente existentes como las cosas?, ¿a qué se refiere con generalizar las cosas? El autor nos dice "(…) todas las obras de arte tienen este carácter de cosa" [6]. Dado lo anterior, podríamos dilucidar que, en el supuesto que las obras arquitectónicas estén conceptualizadas desde su origen dentro de las artes, dichas obras tienen carácter de cosa, es decir poseen "lo cósico", comprendiendo lo cósico en palabras heideggerianas como "el cimiento en el cual y sobre el cual está construido lo otro y peculiar" [7].

De igual manera a lo que ya se ha explicado como "lo cósico", también es importante relacionar la obra directamente con "lo útil", ya que la obra arquitectónica será confeccionada como un útil para algo, es decir lo cósico no existe de forma aislada en la obra sino más bien va intrínsecamente ligado con lo útil, como bien nos menciona Heidegger diciendo: "El útil es mitad cosa porque es determinado por la cosidad y, sin embargo, más; al mismo tiempo mitad obra de arte y, sin embargo, menos, porque no tiene la autosuficiencia de la obra de arte. El útil tiene una peculiar posición intermedia entre la cosa y la obra" [8].

En este camino del habitar en la actualidad, se identifican algunos sucesos que redefinen constantemente la forma de cómo habitamos el mundo y por ende cómo es el estar en la tierra. Ya que existen situaciones como el despojo y el desvanecimiento del mundo que funcionan como un parteaguas para el redireccionamiento del rumbo de la arquitectura.

En la aceleración de la vida moderna y la alienación que ejercen los medios masivos de comunicación sobre el hombre y la sociedad, se produce un cambio constante en las "necesidades" y actividades del ser humano, las cuales son difíciles de analizar, comprender y alcanzar por la arquitectura, ocasionando un desvanecimiento del mundo, del cual nos habla Heidegger diciendo "el mundo de las obras existentes se ha desvanecido. El despojo y el desvanecimiento de su mundo son irrevocables" [9].

En cuanto al despojo, resulta fácil precisar cómo, escudados bajo la bandera de la globalización, se ha optado por la unificación e integración no únicamente de económicas sino también de culturas, comportamientos y en nuestro referente también de arquitectura. Lo anterior se puede observar en la arquitectura global que predomina en nuestros tiempos, la cual con mucha facilidad "replica o copia" las obras arquitectónicas de cualquier parte del mundo y las instaura en los contextos socioculturales más diversos, haciendo caso omiso del origen de la obra, es decir, "lo otro que la hace ser" e ignorando que la obra arquitectónica está situada en su propio espacio existencial y solo en éste encuentra su origen y existencia, no es concebible en algún otro lugar, no es posible arrancar la obra de dicho espacio porque se estaría despojando de su mundo [10].

En segundo plano, se tiene el desvanecimiento, donde "las obras ya no son lo que eran. Las que encontramos son ciertamente las mismas, pero ellas mismas son las pasadas. Están frente a nosotros, por ser las pasadas, en el reino de la tradición y la conservación" [11]. Dicho desvanecimiento puede ser observado en las edificaciones que han trascendido a lo largo de la historia. Un ejemplo más reciente puede ser el cambio continuo de pensamiento, debido a las aceleradas transformaciones tecnológicas e informáticas que ocasionan el surgimiento de nuevas "necesidades" día con día, evocando al consumismo.

Otro ejemplo claro se puede verificar en los proyectos que se realizan en los despachos de arquitectura, los cuales son pensados para un aquí y un ahora y que debido a la diversidad de factores e intereses involucrados en la gestión suelen tardar años en concretarse y en erigirse, por lo que pierden vigencia y ya no responden y corresponden a esa "necesidad" primigenia de un presente para la cual fueron concebidos, sino más bien llegan tarde a una sociedad que ya ha evolucionado y a la cual ya no le pertenecen. La historia ha sido testigo de estos sucesos, sin embargo, hoy en día estos cambio son cada vez más frecuentes y fugaces, por lo que la sociedad para la cual fue construida la obra arquitectónica muchas de las veces no es la misma para la cual fue creada.

En este intento de copia de una arquitectura que se vuelve desterritorializada y se aleja de su origen y esencia, se evidencia que también deja de lado la visión que contempla el hombre de sí mismo a través del estar en pie de la obra arquitectónica [12]. A lo largo de la historia el ser humano ha visto su reflejo en la arquitectura de su tiempo, como por ejemplo, el complejo urbano-arquitectónico de Teotihuacán, nombre de origen náhuatl que significa "lugar donde los hombres se convierten en dioses o ciudad de los dioses". En este conjunto arquitectónico aún se puede observar la huella inmensa que dejaron los pobladores de aquella época, en la cual fundaron y crearon un mundo basado en sus ritos, creencias, es decir, en su propio ser, el cual quedo impregnado en la esencia de su arquitectura.

Por otro lado, se encuentra el caso de aquellos que no lograron develar completamente su ser y optaron por tomar la de alguien más, como es el caso reflejado en dos obras arquitectónicas sumamente reconocidas en la Ciudad de México, el Palacio de Bellas Artes y el Castillo de Chapultepec, ambos con más de cien años de diferencia entre uno y otro, pero que, sin embargo, coinciden en reflejar la visión que el hombre del momento aspiro de sí mismo, pero en esencia no era él, como lo fue Porfirio Díaz (1904) y el virrey Bernardo de Gálvez y Madrid (1788) respectivamente. Quienes hicieron el intento de retomar una arquitectura que no pertenecía a su lugar de origen, donde su voluntad no consistía en mirar hacia su interior sino todo lo contrario; por lo que nunca mostraron su verdadero ser. Como nos dice Heidegger el verdadero ser no se encuentra en la determinación de lo cósico, en los números, en el simple cálculo, en lo útil, más bien se descubre en la esencia, es decir, en "lo otro" [13].

Durante este proceso de reflexión que ha partido de algunos ejemplos, también resulta posible darse cuenta cómo es que en palabras heideggerianas "la obra, como tal, únicamente pertenece al reino que se abre por medio de ella" [14]. La obra arquitectónica toma como función principal la de crear un mundo, "establecer un mundo (…) y haciendo a la tierra ser una tierra" mediante la consagración y la gloria [15].

Derivado de lo anterior, es posible dilucidar que la arquitectura, desde su concepción, como lo es en el proceso de diseño arquitectónico hasta su construcción, cuenta con la capacidad de proponer, fundar y establecer un mundo, "entregándose a la oculta originalidad de la fuente de su propio ser, es decir a la autoafirmación de su esencia" [16].

Hasta este momento se ha hablado un poco del hecho de fundar y establecer, ahora es tiempo de hablar del proponer, específicamente de la "proposición". Ésta actúa como medio para enunciar un conocimiento, el cual es verdadero "(…) cuando se ajusta correctamente a lo desocultado". Por lo tanto, ahora es esencial plantear la siguiente pregunta ¿el diseño arquitectónico es una proposición?, y si esto resulta aceptable, entonces ¿puede ser una verdad? De igual manera Heidegger nos dice "(…) llamamos verdadera no solo a una proposición, sino también a una cosa" [17], entonces ¿la obra construida también puede ser una verdad?

Estas preguntas obligan a replantearnos ¿si en la actualidad las obras arquitectónicas son realmente construcciones, entendiendo lo real como "la esencia de lo verdadero", o son únicamente edificaciones que solo permiten ver lo cósico? Es importante tomar conciencia de estos asuntos, debido a que si ya contamos con una crisis de pensamiento y de identidad "globalizada", resulta un tanto más complejo desentrañar el "verdadero ser", que como nos describe el autor es la verdadera esencia de una cosa, por lo que sin ello la arquitectura no tendrá un camino que seguir para atestiguar nuestro tiempo, como bien ha citado el poeta mexicano Octavio Paz "La arquitectura es el testigo insobornable de la historia, porque no se puede hablar de un gran edificio sin reconocer en él, el testigo de una época, su cultura, su sociedad, sus intenciones".

Una vez ya establecidos algunos de los acontecimientos que redefinen constantemente la forma de cómo habitamos el mundo, es pertinente abordar algunos aspectos más específicos, desde el punto de vista del autor, como son; el proceso de creación; el proceso proyectual; el proyecto arquitectónico; la obra construida, abordado desde los conceptos de producción y contemplación; la obra arquitectónica como forma y Poesía y finalmente el papel que desempeña el arquitecto, lo anterior va encaminado a conocer un poco más de la "actividad del artista", para tener un mayor acercamiento a su obra.

Para iniciar en este abordaje de conceptos, resulta conveniente dar comienzo con la pertinente comprensión del proceso de creación, ya que para el arquitecto es fundamental tener la posibilidad de conocer la esencia de la obra arquitectónica. Mediante el conocimiento de dicho proceso, es factible verificar el acontecimiento de una verdad habitable que fue demandada por una comunidad [18]. Lo cual significa que el artista/arquitecto conoció la esencia del "ente" de la comunidad para la cual diseñaría un habitar. Un ejemplo de esto lo podemos observar en algunas de las obras de Rogelio Salmona, quien conocía a fondo la esencia de su cultura y del lugar.

Esta esencia que se menciona es la manera en que el hombre habita un espacio, es la explicación sobre la esencia del individuo o de la comunidad para la cual fue concebido el habitar [19], lo cual se resume evocando una frase del texto de "*Construir, habitar, pensar*" de Heidegger (1994) que dice "como yo habito, yo soy".

Es por ello que antes de comenzar el proceso proyectual, el cual culminará en un código de edificación, será indispensable conocer la esencia de la persona individual o colectiva a la cual se destinará el habitar que se diseña para reconocer así la verdad y con ello contar con la posibilidad de habitar imaginariamente la singularidad de la obra arquitectónica, es decir, aquello que hará que ésta sea y no encuentre su camino en otra. Lo que en palabras de Heidegger, refiere como "Mientras más esencialmente se manifiesta la obra, más luminosa se hace la singularidad de que ella es y no que no sea" [20]. Ya que si el proceso de diseño de una obra arquitectónica, no parte del conocimiento de una esencia habitable que quiere manifestarse, la resultante será un producto inmobiliario subordinado a intereses ya establecidos, pero no a vencer la lucha contra ellos para desocultar una verdad que demanda la comunidad, que no es pero que será, si el arquitecto obedece a la voluntad creativa "que quiere ser".

Por otra parte, si bien nos dice el autor que "para tocar el origen de la obra de arte, hay que entrar en la actividad del artista" [21], esto representa una invitación abierta para conocer realmente la actividad proyectual del arquitecto, con objeto de tener un acercamiento real a su obra.

De igual manera es importante comprender que en el proceso de diseño arquitectónico, no únicamente hay que considerar "la hechura" entendiéndola como una "producción", sino más bien trascender e ir más allá de lo "cósico". Por lo que es primordial reflexionar y tomar conciencia ¿si en el proceso de creación actual, "el ser-creado de la obra arquitectónica" fija la verdad en la forma? [22]. Lo anterior, encaminado al formalismo que arrasa con en el pensamiento contemporáneo y que únicamente se queda en lo exterior, abandonando el intento de fijar una verdad en ello. Se tratará en la fijación de la verdad en la forma.

En seguida se habla un poco de algunas actividades que forman parte de este quehacer arquitectónico como es el proyecto, ya que a través de éste, el arquitecto trae al mundo "lo indecible" como tal [23]. Mediante esta puesta en el mundo se desoculta la verdad del ente y se hace patente la pertenencia de éste en la historia universal.

Más adelante se encuentra la obra construida, la cual significa en palabras heideggerianas la liberación de "lo útil", con la finalidad de ir más allá y agotarse en el servicio" [24]. A su vez dicha obra construida es imperante abordarla mediante dos caminos que se integran mutuamente, el de la "producción" y el de la "contemplación".

Referente a la "producción" nos dice Heidegger que ésta "hace provenir al ente por su apariencia a su presencia, (…) la hechura es producción, es lo cósico"[25] y lo podemos verificar en la masificación de conjuntos habitacionales de interés social que son promovidos por las inmobiliarias, los cuales se establecen únicamente en "lo cósico", dejando de lado la esencia de la comunidad que ahí trataría de buscar su propio habitar y obedeciendo las leyes del espectáculo, economía y política.

El autor aborda dos conceptos de gran interés, el ser-acabado del útil y el ser-creada de la obra. El primero "significa que el ser es liberado para ir más allá de sí mismo, para agotarse en el servicio" [26], como se muestra en una obra arquitectónica una vez que ésta ha sido construida, la cual está lista para ser habitada y desempeñar las diversas actividades que el habitante demande. El segundo fija la verdad en la forma.

Existe un tercero que se constituye de los dos anteriores, que es el ser-producido. Este hecho integrador forma un ser-producido que se ha manifestado en las templos griegos, las catedrales góticas, los conjuntos urbano-arquitectónicos prehispánicos, etc., donde se muestra la sinergia que existió entre "lo útil" y "la creación" para dar origen a obras arquitectónicas que han logrado traspasar las barreras del tiempo y del desvanecimiento de las ciudades, siendo ahora contempladas a través de la tradición.

El segundo camino que es el de la "contemplación", la cual solo puede ser a través del habitante de un espacio, pero también como nos dice Heidegger en ocasiones aquellos que sean capaces de contemplar la que verdaderamente es una obra, no están presentes y "Si es una obra, siempre queda referida a los contempladores aún cuando y justo tenga que esperar por ellos y adquirir y aguardar el ingreso de ellos a su verdad" [27], es decir, ser paciente en la espera de que el habitante desoculte la verdad que la obra posee en su ser.

Es por ello que aún cuando una obra arquitectónica no es habitada, es decir tenga presente a sus "contempladores o habitadores", no deja de expresar la verdad que desoculta. Por ejemplo, la construcción de las obras del arquitecto mexicano Luis Barragán, las cuales son muestra clara de que él no se aisló de sus vivencias mediante la contemplación, sino más bien las inserto en la pertenencia de la verdad de sus obras, fundando así "el ser-uno-para-otro y el ser-uno-con-otro" [28].

Lo anterior es una muestra de la singularidad de la obra arquitectónica, que hoy en día con el imperante mundo globalizado resulta difícil reconocer, ya que el común denominador de la actividad edilicia contemporánea va encaminada a no permitir conocer más allá del "útil" y "lo cósico" [29], formando una homogeneización global que no logra desocultar la verdad.

La desocultación de la verdad se da mediante la obra arquitectónica y únicamente sucede en lo que Heidegger llama "instalación". Esta instalación acontece históricamente en múltiples formas, instalando una verdad que antes todavía no era y posteriormente nunca volverá a ser [30].

En palabras del autor, sí es posible resaltar la obra y su pureza, cuando es desconocido el artista, el ser y la circunstancia en que nació la obra, y de este modo resaltar ese empuje, ese "qué es" del ser-creación" [31]. Este punto de convergencia, lo podemos verificar en casos como la construcción del complejo de edificios del Taj Mahal, ubicado en la ciudad de Agra, India, del cual no conocemos al arquitecto que lo diseñó y sin embargo, está ahí establecido en la tierra, donde en su momento creo un mundo, pero que hoy en día solo es contemplado a través de la historia.

En este sentido y retomando las palabras de Heidegger, podemos decir que la obra arquitectónica es la fijación de la verdad que se establece en la forma. Y esta verdad, no puede ser leída en lo existente y habitual, sino más bien en la singularidad, en la esencia. [32].

Se ha llegado al punto de explicar un poco más acerca de la forma y comprender que "Lo que aquí se llama forma debe entenderse por aquella posición y composición en que la obra es en tanto que se expone y se propone" [33]. Si bien lo anterior nos acerca al entendimiento de la forma, ésta no es posible considerarla en solitario, no es posible separarla de la esencia, tal y como ocurre actualmente, donde el predominio de las formas se torna imperante y deslumbrante, no permitiendo o tal vez imponiéndose al descubrimiento de la esencia de la obra arquitectónica y por lo tanto estableciéndose como mera superficialidad. Como por ejemplo el museo Soumaya de Plaza Carso, ubicado en la zona de conversión urbana llamada Nuevo Polanco, el cual no hace alusión, ni el intento por exponer la esencia de la comunidad o de la obra en sí misma, sino más bien es una contraposición al entorno, evidenciado en la ubicación que desde su construcción ha traído serios inconvenientes por no contemplar el entorno urbano en el cual se iba a instalar y en lo referente a la composición, la cual funge como una respuesta a la veneración incansable de la forma.

En la arquitectura contemporánea tenemos grandes contradicciones de pensamiento con respecto a la obra arquitectónica, debido a que hoy en día no se ve que la forma sea establecida a partir de la fijación de la verdad, como nos dice Heidegger [34] sino más bien en "honor y veneración" al capricho del arquitecto.

En contraparte se tiene a la Poesía y en este sentido Heidegger nos dice todo arte es en esencia Poesía, "pero la Poesía no es ningún imaginar que fantasea al capricho, ni es ningún flotar de la mera representación e imaginación de lo irreal". Se aproxima a la esencia, es la lucha para desocultar una verdad que quiere ser [35].

Lo anterior se enfrenta con la producción arquitectónica de nuestros días, donde se idolatra el predominio de la forma y del ser del arquitecto, imponiéndose ante la fundación de un habitar. Como por ejemplo, la edificación llamada "Estela de luz" en una de las avenidas más representativas de la Ciudad de México, avenida Reforma, un monumento concebido para conmemoración del Bicentenario de la Independencia de México y del Centenario de la Revolución Mexicana, de los cuales nada representa. Monumento en el cual se dejó de lado por completo la esencia de la cultura mexicana, haciéndolo aparecer como un capricho más de la población que representa el sector de poder de la ciudad, evitando que brotara la mutua correspondencia esencial de la obra, de la creación y la contemplación.

No todos son aspectos negativos, también se puede reconocer que la obra arquitectónica puede ser poética y real, en el preciso momento que ésta nos arranca de la habitualidad y como menciona Heidegger cuando "(…) hace morada nuestra esencia misma en la verdad del ente" [36]. Es aquí donde podemos mirar la Casa Gilardi del arquitecto mexicano Luis Barragán y reflexionar sobre la posibilidad de alcanzar este hecho.

Finalizando con los conceptos propuestos para este entendimiento del quehacer arquitectónico, ahora es esencial retomar al arquitecto, quien es esencialmente necesario, ya que la obra arquitectónica no puede ser sin ser creada por él, pero tampoco puede llegar a ser por sí misma si no es habitada "Si una obra no puede ser sin ser creada, pues necesita esencialmente los creadores, tampoco puede lo creado mismo llegar a ser existente sin la contemplación" [37].

En el mundo contemporáneo no existe una equivalencia y una reciprocidad entre el arquitecto y su obra, lo que se identifica más es un enaltecimiento del arquitecto a través de su obra, como por ejemplo el *archi-star system*, quienes elaboran proyectos de gran envergadura, los cuales lo hacen resaltar más allá de su obra, instaurándolo como "el estilo arquitectónico", el cual cuenta con ciertas características técnicas y morfológicas ya establecidas, relegando el contexto en el que se edifica.

A través del arquitecto se puede dar la desocultación de una verdad que quiere ser y a su vez tiene la posibilidad de fundar un habitar para una comunidad, logrando así que este habitar "sea" uno, que muestre la peculiar realidad de la obra y que a su vez no se aísle, como menciona el autor, "la contemplación no aísla al hombre de sus vivencias, sino que las inserta en la pertenencia a la verdad que acontece en la obra" [38].

Por todo lo anterior, resulta imperante reflexionar, mirando al pasado, el hecho de que cada vez que el pensamiento de la humanidad cambió, esto se reflejó en su cultura, tradiciones y formas de vivir, es decir, "cada vez se abrió un mundo nuevo y esencial" [39], por lo que en la actualidad, le queda al arquitecto la responsabilidad de revelar la esencia del nuevo pensamiento, y así desocultarlo, para poder instaurarlo en su esencia histórica y sumergirlo en el medio que le es dado.

Un comienzo puede llevarse a cabo como lo menciona el autor mediante "la entrega al juego, la más inocente de las actividades humanas, a inventar un mundo de imágenes", es decir, el *poetizar* [40].

Es importante comprender el diseño arquitectónico como un lenguaje, que en palabras de Heidegger se define como "el más peligroso de los bienes", debido a que es también, una posibilidad tanto para crear como para destruir [41]. Resulta primordial, hacer consciencia de la gran responsabilidad que este quehacer conlleva, con el propósito de crear mundos para una comunidad en la que se muestre su pertenencia a la tierra y en el ser testimonio de ésta acontezca como historia, como es el caso del complejo urbano arquitectónico de Teotihuacán, antes ya mencionado, el cual es una evidencia histórica de la puesta en operación de la pertenencia del hombre a la tierra [42], el cual fueron interpretados sus mitos, ritos y sus más íntimas creencias plasmadas en sus construcciones ancestrales.

Este lenguaje que se ha mencionado como el más peligroso de los bienes, ha sido dado al hombre para que muestre quién es, a qué mundo pertenece, qué mundos puede abrir o destruir con él. En nuestro lenguaje como arquitectos abrimos o destruimos mundos, mostramos quienes en verdad somos, a quién estamos subordinados o que lucha estamos dispuestos a emprender para desocultar una verdad [43].

Para comprender un poco más acerca del lenguaje, se retoma ahora el habla como uno de los principales componentes del mismo, evocando a Heidegger, quien dice "El ser del hombre se funda en el habla; pero ésta acontece primero en el *diálogo* (…) el habla es el medio para llegar uno al otro" [44]. Este "diálogo" es el proceso que se lleva a cabo en el diseño arquitectónico, el cual se establece entre la comunidad y el arquitecto, para así "llegar el uno al otro" a través del tiempo.

Finalmente, el ser de una comunidad que se manifiesta mediante el diseño y a los ojos del arquitecto es un juego, que en palabras heideggerianas "se escapa de lo serio de la decisión que siempre de un modo u otro compromete" [45]. El diseño arquitectónico dialoga con el habitar, es decir, éste detiene el tiempo en la obra [46]. Tomando consciencia de que no basta solo con "creernos en casa" sino "estar en casa", lo cual es posible mediante un habitar poético en la presencia de los dioses y donde sea posible ser tocado por la esencia cercana de las cosas. Con ello se puede decir que el arquitecto tiene la posibilidad de interpretar "lo sagrado" perteneciente a un tiempo determinado [47], desocultando la esencia e instaurando un mundo nuevo.

Notas
1. Heidegger, M. (1952). Arte y Poesía, Trad. Samuel Ramos, 2da edición (1973), México: FCE. p. 35.
2. Ibídem, p. 37.
3. Ibídem, p. 35.
4. Ibídem, p. 35.
5. Ibídem, p. 37.
6. Ibídem, p. 37.
7. Ibídem, p. 38.
8. Ibídem, p. 48.
9. Ibídem, p. 61
10. Ibídem, p. 61
11. Ibídem, p. 61
12. Ibídem, p. 64
13. Ibídem, p. 68.
14. Ibídem, p. 62.
15. Ibídem, p. 65.
16. Ibídem, p. 70.
17. Ibídem, p. 72.
18. Ibídem, p. 80.
19. Ibídem, p. 102.
20. Ibídem, p. 88.
21. Ibídem, p. 80.
22. Ibídem, p. 86.
23. Ibídem, p. 97.
24. Ibídem, p. 87.
25. Ibídem, p. 82.
26. Ibídem, p. 87.
27. Ibídem, p. 90.
28. Ibídem, p. 91.
29. Ibídem, p. 88.
30. Ibídem, p. 85.
31. Ibídem, p. 88.
32. Ibídem, p. 94 y 95.
33. Ibídem, p. 86.
34. Ibídem, p. 94.
35. Ibídem, p. 95.
36. Ibídem, p. 98.
37. Ibídem, p. 89.

38. Ibídem, p. 91.
39. Ibídem, p. 100.
40. Ibídem, p. 107.
41. Ibídem, p. 109.
42. Ibídem, p. 110.
43. Ibídem, p. 109.
44. Ibídem, p. 112.
45. Ibídem, p. 108.
46. Ibídem, p. 115.
47. Ibídem, p. 122 y 123.

Bibliografía
Heidegger, M. (1958). Arte y poesía. Trad. Samuel Ramos, 2da. Edición (1973) México: Fondo de Cultura Económica.

154

La arquitectura mediática y la poética

VÍCTOR MANUEL RIVERA SÁNCHEZ

Hoy en día vivimos en una civilización del espectáculo, como nos dice el escritor peruano Mario Vargas Llosa, "la creciente banalización del arte, la literatura, son un mal que aqueja a nuestra sociedad" (Vargas, 2012) y en esta banalización podríamos incluir a la arquitectura. Los aspectos mediáticos triunfan sobre la razón, es muy común que veamos en revistas de arquitectura anunciado un nuevo edificio en *"x"* ciudad, diseñado por el *"arqui-star"* de moda, donde nos mencionan que por el simple hecho de que él lo desarrollará, va a generar que dicha ciudad se convierta en el nuevo icono del turismo, gracias a un edificio que aún no existe y sin embargo todo mundo está volteando a ver dicho lugar. El teórico de la arquitectura, el británico Neil Leach, nos dice en su libro la an-estética de la arquitectura, "la imagen en si misma se convierte en una nueva realidad lo cual nos lleva a una hiper-realidad, en un mundo donde lo imaginario pasa a ser "real", ya no hay lugar para lo real." (Leach, 2001: 18), es a partir de esto que podemos plantear que hemos dejado de lado, lo que realmente es la arquitectura y la hemos convertido en un espectáculo mediático, lo que importa hoy en día es el desarrollar el proyecto más espectacular, para lograr el mayor número de *likes*, ya no importa si existe o no, si quien lo habita realmente logra tener en él su hábitat.

En la actualidad en mayor o menor medida la arquitectura y espacio público han perdido significado, han sucumbido ante el poder de la imagen y las marcas, tal como lo menciona Neil Leach, "el objeto como imagen se vacía de su significado, todo es imagen y se valora por su apariencia y su estética. El mundo se ha estetizado" (Leach, 2001: 20), lo que nos lleva a pensar que la finalidad de la arquitectura se ha perdido, ya no tiene un fin utilitario, estamos contradiciendo lo expresado por el filósofo alemán Nicolai Hartmann, la arquitectura tiene un fin utilitario no solo expresivo, "la arquitectura está sujeta al fin extraestético, de manera tan amplia que la falta de tal fin la cancelaría. Una arquitectura que no construyera algo que sirviera a la vida, sería puro juego vacío" (Hartmann, 1977:147), es a partir de esto que expresa Hartmann, que podemos afirmar que la arquitectura en la actualidad es un puro juego vacío, que no representa nada real, sólo aspectos fuera de ésta realidad, sólo son elementos ilusorios que nos hacen creer que la apariencia del edificio lo hará habitable y confortable, hemos llegado a una irrealidad en la arquitectura, la cual se asemeja a los productos milagro, "toma esta pastilla, y todos tus males se solucionarán".

Este mal de la imagen que aqueja nuestros días, ha provocado que se pierda el verdadero sentido del diseño arquitectónico, en la actualidad no diseñamos, sólo proyectamos formas geométricas, imágenes estetizadas con la finalidad de lograr mayor número de *likes*, esto, debido a la influencia que tenemos de los medios masivos de comunicación, es claro que, como dice el filósofo alemán Nicolai Hartmann, "El arquitecto medio no es artista. Sólo puede construir como "se construye", es decir, caer dentro del estilo de la época" (Hartmann, 1977: 149), es a partir de esta afirmación de Hartmann, que podemos deducir que el estilo de esta época es la mediatización y estetización de la arquitectura, es lo que vemos a nuestro alrededor, y no podemos evitarlo, pero si no podemos evitarlo, al menos debemos tratar de controlarlo.

Nicolai Hartmann nos dice, "El individuo no puede soltarse arbitrariamente de la sensibilidad proveniente de sus tradiciones, no conoce otra cosa. Y si la conoce y quiere imitarla, se desorienta, se equivoca y fácilmente cae en representaciones falsas de la forma extraña" (Hartmann, 1977: 257), por lo que a partir de estas palabras de Hartmann, podemos decir que hemos caído en una representación falsa de la arquitectura, nos hemos olvidado de lo que realmente es la arquitectura y nos hemos centrado únicamente en lo que vemos en las revistas, donde aparecen las grandes edificaciones, pero nunca nos dicen si dichas edificaciones son verdaderamente habitables, si son confortables, solo nos presentan el aspecto exterior, y si bien nos va, nos presentan fotografías interiores, pero sin la presencia del ser humano, como si las personas que en un futuro las ocuparán, fuesen sólo un estorbo para la arquitectura. Si fuésemos objetivos, en dichas revistas nos presentarían las opiniones de quien habitan esos espacios recién diseñados, y con ello podríamos saber si lo que hacemos al diseñar, es realmente lo adecuado.

Estos puntos de vista los podemos reforzar a través de las palabras expresadas por el poeta mexicano Octavio Paz, en su libro "el arco y la lira" "No todo poema contiene poesía, hay máquinas de rimar pero no de poetizar" (Paz, 2006: 14), una gran parte de los arquitectos diseñamos sin ser poetas, intentamos crear belleza mediante tecnicismo estéticos, que en muchos casos no conocemos a fondo, y por lo tanto no podemos controlarlos, ya que con el uso de los programas de cómputo especializados para "diseñar", los cuales aparentemente nos ayudan, pero en realidad sólo sirven como estorbo, ya que sólo es necesario pedirle que encuentre una relación paramétrica entre una parte del edificio y otra, para de esta forma lograr una relación geométrica y una estética "adecuada", con la que el edificio aparentemente se verá armónico, y decimos en apariencia, ya que nunca sale del monitor, se queda en él, como una imagen que a pesar de ser una representación tridimensional, es bidimensional para nuestra realidad, por lo que es difícil poder percibir la realidad del objeto diseñado, es decir que jamás podremos captar su poética.

El teórico del arte Wilhelm Worringer menciona que "Todo fenómeno artístico permanece para nosotros incomprensible, hasta que hemos logrado penetrar en la necesidad y regularidad de su formación" (Worringer,:13), lo que nos lleva en la actualidad a que permanezca incomprensible, en primer lugar, debido a que gran parte de las edificaciones que vemos en revistas e internet, son sólo imágenes de lo que serían, ya que no existen en realidad, por tanto son edificaciones utópicas o ideales que el arquitecto ha desarrollado sin la necesidad de existir y sin la necesidad de cumplir una función específica para el ser humano, más que la de promover o vender objetos virtuales que nunca llegarán a existir, esto debido a realidad en la cual vivimos, o mejor dicho en la irrealidad en la cual vivimos, ya que todo es virtual, como lo es el dinero que sólo se vuelven números en una pantalla y el cual nunca tocamos, al igual que las relaciones sociales a través de un *avatar* en las redes sociales, en donde nunca sabemos quién está detrás de la pantalla en realidad. Lo mismo sucede en la arquitectura, observamos grandes edificaciones y espacios diseñados, pero jamás han existido, más que en un espacio virtual, por lo que nos queda preguntarnos, ¿cómo podemos comprender la arquitectura, si ni siquiera sabemos si es real o no?

Será posible, a pesar de la virtualidad en la que vivimos, crear espacios poéticos sin que estos lleguen a existir en realidad, es decir, podremos crear poesía a partir de diseños que representamos en *render* o imágenes virtuales, o es indispensable que para ello los espacios diseñados sean materializados mediante su edificación. En referencia a esto, el poeta mexicano Octavio Paz nos dice, "El poema es algo que está más allá del lenguaje. Más eso que está más allá del lenguaje sólo puede alcanzarse a través del lenguaje. Un cuadro será poema si es algo más que lenguaje pictórico" (Paz, 2006: 23), por lo mismo la arquitectura será arquitectura poética cuando deje de ser solo sistema constructivo y técnica, cuando se vaya más allá de la técnica, es entonces cuando podremos hablar de una arquitectura hecha poesía, la cual no importa si sólo es una representación virtual de un espacio, será poesía cuando dejemos de preocuparnos por los aspectos técnicos de su producción, cuando podamos ver más allá de la producción, cuando podamos definir un metalenguaje de la arquitectura, sin importar si dicho proyecto se llega a edificar, sólo basta con que se materialice, ya sea en una maqueta o una representación virtual, lo que importa que de alguna forma la podamos percibir.

En la actualidad Worringer menciona que "la estética tradicional se ajusta sólo al clasicismo, sería necesario elaborar una estética del gótico. Bajo la expresión de estética se desliza siempre la representación de la belleza y el gótico no tiene nada que ver con la belleza". (Worringer,:17), por lo que es necesario separar el concepto de belleza del concepto de estética, ya que lo estético no necesariamente tiene que ver con la belleza, lo estético tendría que referir más a un aspecto psico-espiritual del hombre, es por ello que el concepto de belleza no puede ser universal ni mucho menos atemporal. De hecho el británico Neil Leach nos habla de estos aspectos de la estética, al citar a Baudrillard, quien escribe: "Cuando todo se hace estético ya nada es bello ni feo, y el arte en sí mismo desaparece" (Leach, 2001: 20), esta carrera por la estetización solo puede conducir al caos o al desastre cultural, donde el objeto más insignificante se consideraría arte y se incluiría en los museos como pieza de arte, de hecho ya lo estamos viviendo con el arte conceptual, hasta un simple globo se coloca como exposición y como expresión artística, lo que nos lleva que no sólo es necesario elaborar una estética del gótico, también es necesario elaborar una estética para esta época mediatizada.

Sin embargo a pasar de la crítica que iniciamos a lo irreal o a la hiper-realidad en la cual nos vemos inmersos en la actualidad, encontramos una posibilidad de que este mundo virtual, pueda ser poético, no sólo un aspecto técnico y frio, y este lo podemos vislumbrar a través de las palabras del filósofo alemán Martin Heidegger, quien nos dice, "La poesía inventa su mundo de imágenes y queda ensimismada en el reino de lo imaginario" (Heidegger, 2006:108), de igual manera como la poesía esta ensimismada en un reino de lo imaginario, nuestro mundo virtual, el de la internet, es un reino de lo imaginario, y no por ello se encuentra excluido de lo poético, al contrario deberíamos aprovechar que al igual que la poesía que es un reino de lo imaginario, las imágenes virtuales, las cuales tienen la misma virtud, pueden llegar a encontrarse por su característica imaginativa, en el mundo de la poesía, es por tanto, una gran oportunidad que tenemos que aprovechar en este mundo irreal en el cual vivimos.

Por lo anterior podemos definir que la arquitectura solo es a partir de su relación con los objetos que produce, solo es a partir de la realidad, Heidegger nos dice "si las miramos en su intacta realidad, sin prejuzgar, entonces se muestra que las obras son naturalmente existentes como las cosas. El cuadro, el fusil, la pintura, el carbón, los cuartetos de Beethoven, las papas, todo tiene el carácter de cosa" (Heidegger, 2006: 37), es a partir de estas palabras que podemos definir que la casa, la iglesia, el boceto, el proyecto ejecutivo, el *render*, todo ello, sin prejuzgarlo, también tienen el carácter de cosa, pero qué lo hace diferente de las cosas comunes, qué lo hace resaltar y definir la utilidad de la cosa.

Es a partir de esta utilidad que debemos determinar qué es lo útil, en ello Heidegger nos dice que "el ser del útil en cuanto tal consiste en servir para algo" (Heidegger, 2006: 52), es a partir de esto que podemos definir que la obra arquitectónica es útil, ya que sirve de resguardo para el ser humano. Heidegger nos habla de lo útil utilizando la metáfora de los zapatos de labriego, y dice, "La labriega lleva los zapatos en la tierra labrantía. Aquí es donde realmente es lo que son. Lo son tanto más auténticamente, cuanto menos al trabajar piense la labriega en ellos" (Heidegger, 2006: 53). De esta misma forma como comenta Heidegger, la arquitectura sería útil, en cuanto menos se piense en ella cuando se transita por ella, pero lo mismo sucede con los objetos artesanales, mientras más útiles son, menos se piensa en ellos cuando son utilizados.

Pero qué sucede cuando lo útil sólo es representado cuando lo útil no llega a materializarse, en este caso Heidegger nos dice "no hagamos más que representarnos en general un par de zapatos, o incluso, que contemplar en el cuadro los zapatos que se limitan a estar en él vacíos y sin que nadie los esté usando, no haremos la experiencia de lo que en verdad es el ser útil" (Heidegger, 2006: 53) lo mismo sucede con proyectos arquitectónicos que nunca se han llegado a materializar, tal es el caso de múltiples proyectos elaborados por la arq. Zaha Hadid, en los que en ellos, jamás se podrá experimentar lo que en verdad es espacio.

La falta de experimentación de estos espacios nos llevan a no tener la experiencia del espacio, y es por ello que no podríamos significarlo, de la misma forma Heidegger nos habla de la correspondencia del zapato en el cuadro y nos dice, "en torno a este par de zapatos del labriego, representados en un cuadro, no hay nada a lo que pudiera pertenecer o corresponder, sólo un espacio indeterminado. Un par de zapatos de labriego y nada más. Y, sin embargo, le atribuimos muchas propiedades sólo al verlos en el cuadro" (Heidegger, 2006: 53), por lo que lo útil nos permite recordarlo con sólo verlo, es decir que recordamos todas las características que tiene lo útil al haberlo experimentado con anterioridad. ¿Pero qué sucede con los diseños de objetos que jamás hemos visto o experimentado?, como el caso del diseño de un nuevo estadio que no se parece en absoluto a los estadios que conocemos, cómo podemos experimentar lo útil si no sabemos en qué proporción es útil, quizá por ello lo desdeñamos y no nos apropiamos, dejándolo en el olvido; sin embargo, a pesar de que el objeto diseñado no existe en la realidad, existe en la virtualidad y de esta forma lo vivimos y experimentamos, por lo que para las nuevas generaciones si existe esa apropiación, todos los objetos virtuales, los asumen como reales y por tanto podemos definir que llegan a experimentarlos y por lo tanto se le atribuyen muchas propiedades a pasar de no existir.

Tenemos una buena oportunidad y es la de acercar la arquitectura a lo poético, a la poesía y al poema, como menciona el poeta mexicano, Octavio Paz, "la poesía convierte la piedra, el color, la palabra y el sonido en imágenes" además de tener "el extraño poder de suscitar en el oyente o el espectador una constelación de imágenes, esto vuelve poemas toda obra de arte" (Paz, 2006: 23), de esta forma la poesía puede volver poema las producciones arquitectónicas, sin importar se estas producciones nunca dejen de ser virtuales, a pesar de que se mantengan sólo como producciones irreales, por lo que dejando de lado el aspecto de producción, lo vuelve realmente arquitectura, ya que la arquitectura es el poema que deberíamos construir como reflejo de la poética de nuestro entorno, a través de ir más allá de lo físico, es decir adentrarnos en lo metafísico.

Referencias bibliográficas
Hartmann, N. *Estética*. México, D.F.: Ed. UNAM. (1977).
Heidegger, M. *Arte y poesía*. México, D.F.: Ed. FCE. (2006).
Leach, N. *La an-estética de la arquitectura*. Barcelona.: Ed. Gustavo Gili. (2001).
Paz, O. *El arco y la lira*. México, D.F.: Ed. FCE. (2006).
Vargas, M. *La civilización del espectáculo*. Barcelona.: Ed. Alfaguara. (2012)
Worringer, W. *La esencia del estilo gótico*. México.: Ed. FCE

Sobre los autores

Lourdes Adriana Alcázar Castillo
Arquitecta egresada del Instituto Tecnológico de Durango. Ha trabajado en el Instituto Nacional de Antropología e Historia de Durango y Aguascalientes. Actualmente realiza sus estudios en la Maestría en Arquitectura, campo de conocimiento de Diseño Arquitectónico, Facultad de Arquitectura, UNAM, en convenio con el Instituto Tecnológico de Durango. lululylas2@hotmail.com

Alejandra Daniela Alcázar Prieto
Actualmente realiza sus estudios en la Maestría en Arquitectura, campo de conocimiento de Diseño Arquitectónico, Facultad de Arquitectura, UNAM, en convenio con el Instituto Tecnológico de Durango. alejandraalcazar2153@hotmail.com

Carlos I. Castillo I.
Arquitecto nacido en 1984 en la Ciudad de México, egresado de la Universidad del Valle de México, Maestría en Arquitectura en el Campo de Diseño Arquitectónico en la Facultad de Arquitectura de la UNAM. Proyecto de investigación orientado en conocer la esencia inmaterial que origina al objeto urbano arquitectónico.
ccic1984@gmail.com

Karina Contreras Castellano
Maestra en Arquitectura por la UNAM (Mención Honorífica, UNAM, 2014). Egresada de la Universidad Iberoamericana (2000). Realizó estudios de posgrado en la Universidad Politécnica de Cataluña en Barcelona (2000-2002). Su experiencia profesional abarca proyectos independientes como arquitecto y como docente actualmente es académica dentro del Programa de Maestría de la UNAM. Actualmente, 2016, es doctorando en el Programa de Maestría y Doctorado en Arquitectura de la UNAM)
cckarina@hotmail.com, espaciocuatro33@gmail.com

Claudia Patricia Dávila Martínez
Actualmente realiza sus estudios en la Maestría en Arquitectura, campo de conocimiento de Diseño Arquitectónico, Facultad de Arquitectura, UNAM, en convenio con el Instituto Tecnológico de Durango. claudiadavila59@hotmail.com

Erika Enciso Sosa
Maestra en Arquitectura por la UNAM, Gerente de Desarrollo para apoyar el negocio de franquicia en los mercados de LATAM, fue Gerente de Bienes Raíces en Walmart (de octubre 2007 a abril 2011) y Gerente de Bienes, Diseño y Construcción (desde abril 2004 hasta octubre 2007). ollin_arq@msn.com

Jesús Flores Ceceñas
En el campo laboral, se dedica a la realización de Proyecto arquitectónico; cálculo estructural; verificación de vivienda individual y conjuntos para RUV. Es Arquitecto, por el Instituto Tecnológico de Durango. Actualmente realiza sus estudios en la Maestría en Arquitectura, campo de conocimiento del Diseño Arquitectónico, Facultad de Arquitectura, UNAM, trabaja su tesis sobre cómo explicar la habitabilidad en función de las implicaciones que tiene el habitar y la cultura, en su relación con la producción y el diseño de la vivienda.
ce_cenas@hotmail.com

Yessica Vanessa Heredia Bedolla
Arquitecta por la Universidad Autónoma de Sinaloa (2008-2013). Parte de los estudios de licenciatura fueron realizados en la Universidad de Guadalajara. Actualmente cursa la maestría en el campo de Diseño Arquitectónico en la Universidad Autónoma de México con el tema "Interrelación dinámica comportamiento-ambiente entre las neurociencias y la arquitectura". Ha laborado en diversas ramas de la arquitectura, como la elaboración de proyectos ejecutivos, administración y ejecución de proyecto arquitectónico y civil.Claudio Conenna
PhD., Arquitecto y Docente de Diseño Arquitectónico y Teoría de la Arquitectura en la Universidad Aristóteles de Salónica, Grecia.
cconenna@arch.auth.gr

María Elena Hernández Álvarez
Nació en la Ciudad de México. Doctora en Arquitectura, (Mención Honorífica) UNAM; Maestría en Humanidades, Licenciatura en

Arquitectura y Master (MDI) U. Anáhuac. Inicia labor docente en 1972; ha impartido diversas cátedras en la ESIA del Instituto Politécnico Nacional, la Universidad Anáhuac, la Universidad Iberoamericana, la UNAM y el Instituto Superior de Ciencia y Tecnología, A.C. Fue Directora de la Escuela de Arquitectura del ISCYTAC (Gómez Palacio, Durango. México). Autora del libro *Arquitectura en la Poesía* (UNAM); coautora con la Dra. Margarita León Vega del libro *El espacio en la Narración* (UNAM); autora del libro *Supuestos morfogenéticos de la Arquitectura. El caso de la Catedral Gótica*. Ha publicado artículos en Universidades y en revistas especializadas. Ponente y organizadora en diversos foros nacionales e internacionales. Ha dirigido numerosas tesis de licenciatura, maestría y doctorado. Fundadora y Directora de la publicación en Internet www.architecthum.edu.mx. Fundadora y Directora de Architecthum-Plus, S.C., editores. En ejercicio libre de la profesión ha desarrollado y edificado diversos proyectos arquitectónicos. Titular del Seminario de Área y Taller de Investigación "Arquitectura y Humanidades" en el Programa de Maestría y Doctorado en Arquitectura de la Universidad Nacional Autónoma de México. Medalla "Alfonso Caso", UNAM por tesis doctoral. Miembro del Jurado del Premio Universidad Nacional y Distinción Nacional para Jóvenes Académicos. Reconocimiento de la Dirección General de Estudios de Posgrado UNAM a tesis doctoral en la Colección 2002. Miembro de Número de la Academia Nacional de Arquitectura. Consejera Técnica (2006-2012) representante de los profesores de Posgrado, Facultad de Arquitectura, UNAM.

Jorge Aníbal Manrique Prieto
Maestro en arquitectura (Mención Honorífica, 2014), UNAM. Arquitecto de la Universidad Nacional de Colombia, sede Bogotá; con profundización en vivienda. Ha trabajado en investigaciones de entidades públicas en Bogotá, como diseñador de proyectos en entidades privadas, y como profesor adjunto de posgrado en la Facultad de Arquitectura de la UNAM. Fue ganador de un primer puesto en la "X Anual de Estudiantes de Arquitectura" de

la sociedad colombiana de arquitectos, con su proyecto de grado de licenciatura titulado: "Vivienda de alta densidad: Calidad en el Habitar". Proyecto que ha sido publicado en las revistas Escala Colombia y Replanteo. Ha participado en diferentes congresos y encuentros académicos como asistente y como ponente: en Noviembre de 2012 participó en el "XXIV Congreso Panamericano de Arquitectos" en Maceió, Brasil. Y en el año 2013 colaboró como parte del comité organizador y como ponente del "1er. Encuentro Académico Internacional: Reflexiones en torno al proyecto arquitectónico" organizado entre las maestrías en arquitectura de la UNAM y la UNAL, evento que se realizó en Bogotá, Colombia. Actualmente trabaja en una ONG desarrollando proyectos de infraestructura educativa para lugares marginados en México. jorgemanrique_1@hotmail.com

Víctor Manuel Rivera Sánchez

Arquitecto egresado de la Universidad Autónoma de Guadalajara, estudiante de la maestría en arquitectura campo del diseño arquitectónico, dentro del programa de maestría y doctorado en arquitectura de la UNAM; profesor de la carrera de arquitectura en el Instituto Tecnológico de Durango. Colaborador en el www.nodolab.com, espacio inter-multi cultural, donde estudiantes, profesores, investigadores y entidades materiales de diferentes lugares del planeta, se encuentran, se cruzan, sé intersectan, se conectan, generando en esta manera ideas, contenidos y recursos. Coordinador del proyecto máquinas libres (maquinaslibres.org), proyecto que pretende generar tecnología digital libre y gratuita aplicable al diseño. v_riverasanchez@yahoo.com

Nancy Rossbelli Trujillo López

Egresada de la Escuela Superior de Ingeniería y Arquitectura del Instituto Politécnico Nacional, en México, D.F. Actualmente, 2016, está cursando estudios de Maestría en Arquitectura en el campo de Diseño Arquitectónico en la Universidad Nacional Autónoma de México con el tema de investigación "La influencia de la biofilia en el proceso del diseño arquitectónico". ntrujillo_9@hotmail.com

Otros títulos de la Colección **Arquitectura y Humanidades**:

Volumen 1:
Perspectivas de la arquitectura desde las humanidades I

Volumen 2:
Poética arquitectónica I

Volumen 3:
Espacios Imaginarios I

Volumen 4:
Arquitectura y lo sagrado I

Volumen 5:
Historiografías e interpretaciones de los hechos arquitectónicos I

Volumen 6:
Arquitectura, lugar y ciudad I

Volumen 7:
Paisajes arquitectónicos I

Volumen 8:
Existiendo, habitando lo arquitectónico I

Volumen 9:
Un encuentro de la arquitectura con las artes I

Volumen 10:
Enfoques de la arquitectura desde la filosofía I

Volumen 11:
El espacio privado e íntimo I

Volumen 12:
Reflexiones en torno a un método del diseño arquitectónico I

Volumen 13:
Reflexiones en torno a la crítica del diseño arquitectónico I

Volumen 14:
Reseñas I

Volumen 15:
Luis Barragán

Volumen 16:
La casa

Volumen 17:
Percepción poética del habitar I

www.ingramcontent.com/pod-product-compliance
Lightning Source LLC
Chambersburg PA
CBHW020901090426
42736CB00008B/452